Wolfgang Schmidbauer

Die gelassene Art, Ziele zu erreichen

Wolfgang Schmidbauer

Die gelassene Art, Ziele zu erreichen

Abschied vom Erfolgszwang

KREUZ

MIX
Papier aus verantwor-
tungsvollen Quellen
FSC® C106847

© KREUZ VERLAG
in der Verlag Herder GmbH, Freiburg im Breisgau 2012
Alle Rechte vorbehalten
www.kreuz-verlag.de

Satz: de·te·pe, Aalen
Herstellung: fgb · freiburger graphische betriebe
www.fgb.de

Printed in Germany

ISBN 978-3-451-61161-2

Inhalt

Einleitung

Wir kennen Menschen, die ihre Aufgaben pünktlich erledigen und doch Zeit haben, wenn es darum geht, etwas zu unternehmen oder einem Freund einen Gefallen zu tun. Ihre Arbeit scheint ihre Stimmung zu heben, jedenfalls klagen sie nicht und haben nicht das Projekt, schnell viel zu verdienen und dann gar nichts mehr oder ganz anderes zu tun.

Und wir kennen andere, die immer hektisch sind, nie Zeit haben und uns abwechselnd mit grandiosen Plänen oder Geschichten über ihr Pech traktieren. Inzwischen haben sich Arbeitspsychologen, Kreativitätsforscher und Psychotherapeuten mit solchen Unterschieden beschäftigt. Es gibt viele einzelne Ergebnisse in Fachzeitschriften, Lehrbüchern und populären Texten über Zeitmanagement und Arbeitsorganisation. Und es mangelt von Karl Marx bis Richard Sennett nicht an Versuchen, entfremdete oder erfüllende Arbeit sozialphilosophisch zu fassen.

In diesem Buch geht es um die Ergänzung und Weiterentwicklung dieser Ansätze aus der Sicht eines Psychologen, der sich seit vielen Jahren für den Zusammenhang zwischen Berufstätigkeit und seelischen Störungen interessiert.[1] Es geht am Rande auch um Mittel, unsere Konzentration zu steigern und ohne innere Widerstände zu arbeiten. Dranbleiben ist eine *Haltung*, die wir besonders brauchen, wenn wir die Gefahren der Moderne ernst nehmen. Diese Haltung hängt damit zusammen, sich so gut es nur geht von einer Orientierung an Erfolg und Anerkennung zu befreien. Je mehr es etwas um seiner selbst willen tut, desto unabhängiger wird das Ich von ehrgeizigen Zielen, desto mehr Befriedigung findet es im Weg.

Die Kunst des Dranbleibens läuft darauf hinaus, eine handwerkliche Tradition wieder zu beleben: etwas gut zu machen. Wer sich danach richtet, gewinnt eine kontinuierliche Bestätigung aus dem, was er tut. Er kann auch dann zufrieden sein, wenn er weder materiell üppig belohnt noch als Star gefeiert wird.

Ich will zeigen, dass diese handwerkliche Haltung auch ein Schutz vor Burnout ist und sich in den sozialen Berufen als professionelle Entwicklung fassen lässt, in der eine wachsende Freude an der Entwicklung der Tätigkeit selbst gelingen kann.

Die ethische Spannung der Gegenwart lässt sich in zwei Maximen fassen: *Der Zweck heiligt die Mittel* auf der einen, *der Weg ist das Ziel* auf der anderen Seite. Der erste Satz wird gerne den Jesuiten zugeschrieben, aber schon vor ihnen hatte Macchiavelli seine Reflexionen über Macht, Staat und Führerschaft darauf aufgebaut. Der zweite Satz wird bald Konfuzius, bald Buddha zugeschrieben, findet sich aber sinngemäß auch in der antiken Philosophie oder bei Goethe.

In seiner aktuellsten Variante ist der erste Satz das Motto einer allein an Profitmaximierung orientierten Wirtschaft, in der ohne Rücksicht auf die Mitarbeiter Werke geschlossen, Firmen zerschlagen und Produktionen in Billigländer ausgelagert werden. Er spricht für eine Politik, welche die Rüstungsausgaben steigert. Waffenproduzenten und ihre kriegerischen Vertreter in der Gesellschaft haben die bösesten Mittel für die besten Zwecke schon immer energisch befürwortet: Atombomben für Freiheit und Demokratie!

Die zweite Maxime kommt bescheidener daher, aber sie kann einen dauerhaften Einfluss auf unser Leben entfalten.

Sie befreit uns davon, zwischen der Sehnsucht nach großem Erfolg und dem Erleben eigenen Scheiterns zerrieben zu werden. Ein Musiker, der nicht für den Beifall im Konzert übt, sondern aus Freude am eigenen Spiel, ein Buchautor, der die Komposition seines Textes als Wert in sich erlebt und nicht um jeden Preis einen Bestseller produzieren will, ein Student, der sich für den Stoff seiner Prüfungsvorbereitung interessiert und sich gerne in ihn vertieft, sind wenig spektakuläre Beispiele für diese Qualität.

In der Konsumgesellschaft werden Güter des täglichen Bedarfs und des Luxus industriell gefertigt. Sie stehen in nie dagewesener Vielfalt allen zur Verfügung, die genügend Geld haben. Aber viel einflussreicher als die Güterproduktion ist die Produktion medialer Ablenkungen und damit auch imaginärer Konkurrenzen. Alles ist potenziell gleichzeitig da. Jeder gute Werbedesigner verspricht uns ein neues Paradies, um uns ein Parfüm, ein Auto, einen Sportschuh oder eine Zigarette zu verkaufen. Unsere seelische Umwelt wird von Angeboten überschwemmt, es besser und schöner zu haben.

Wer viele Wahlmöglichkeiten hat, fühlt sich bereichert. Wer aus einem armen Land, in dem die meisten Menschen von der Hand in den Mund leben, in ein durchschnittliches Einkaufszentrum bei Paris, Berlin oder Washington kommt, könnte sich fühlen wie der Schatzsucher vor einer mit Juwelen gefüllten Truhe. Oder er könnte sich fragen, ob ein Mensch zwanzig Sorten Joghurt braucht, um sich nicht arm zu fühlen.

Wahlmöglichkeiten zwingen uns zu Entscheidungen, Entscheidungen kosten Zeit und machen Angst. Je mehr Wahlmöglichkeiten, desto mehr müssen die Wählenden fürchten, sich falsch entschieden zu haben und in eine Sackgasse zu geraten. Sich aber diesem Supermarkt der Alternativen ganz zu verweigern kann ebenfalls eine Sackgasse sein.

Als ich ein Kind war, ging ich nach Hause, machte die Schularbeiten und stand vor der Wahl, draußen zu spielen oder drinnen etwas zu lesen. Meine Kinder mussten die Versuchung niederkämpfen, sich von einem Bildschirm mühelos in erregendere Welten locken zu lassen. Je mehr Ablenkungen, desto schwerer fällt die Konzentration.

Die elementarste Form des Dranbleibens ist die Konzentration. Wir können uns eine ganze Weile zur Konzentration zwingen, aber je energischer wir dabei vorgehen, desto mehr erschöpfen wir auch unsere Fähigkeiten. Dabei sind die höchsten Formen der Konzentration, die mit schöpferischen Leistungen verbunden sind, auch jene, die besonders schnell erlahmen.

Ehrgeiz und Erfolgsdruck sind schlechte Ratgeber, wenn es darum geht, unsere kreativen Fähigkeiten zu entwickeln. Die menschliche Leistungsfähigkeit ist ein leicht störbares Geschehen. Sie will gepflegt und umsorgt werden, wenn sie gedeihen soll. Unter Druck gesetzt, mit Zwang umgeben, gedeiht sie schlecht. Dranbleiben ist mehr als Konzentration. Auch wer ein Video betrachtet, ein Computerspiel verfolgt, konzentriert sich. Konzentration ist eine Leistung, die heute kaum jemand besser fesseln kann als die Filmemacher (welche inzwischen den Stil großer Bereiche der Medien prägen). Aber die Konzentration, die beispielsweise ein gut gemachter Werbespot an sich reißt, betäubt uns und lässt uns mit einem Gefühl der Entfremdung zurück.

Dranbleiben hingegen ist eine persönliche, menschliche Qualität, die damit zusammenhängt, eigene Ziele zu erkennen, sie zu verfolgen, und vor allem: sie auch wieder zu finden, wenn wir sie für eine Weile losgelassen haben. Das hängt mit der Fähigkeit zusammen, sich von primitiven Idealisierungen zu befreien, die schnell in eine völlige Entwertung kippen. Dranbleiben enthält viel von den Qualitäten, die in psychoanalytischen Texten als »depressive Position« und »Ambiguitäts- (oder Ambivalenz-)Toleranz« beschrieben werden. Dranbleiben klingt zwar nicht ganz so hochtrabend, ist aber ein gutes deutsches Wort, das eigentlich genauer sagt, worum es geht, als die der Psychiatrie entlehnten Fachbegriffe.

Während Konzentration vor allem eine Bündelung der Aufmerksamkeit ist, geht es beim Dranbleiben um die Verteilung der Aufmerksamkeit und der verfügbaren Energie. Beides sind vor-ethische Haltungen. Der Chirurg braucht Konzentration so gut wie der Einbrecher. Wer in der Mafia Karriere machen will, muss ebenso an seinen Zielen dranbleiben wie eine Krankenschwester, die Mutter Theresa nacheifert.

Konzentration ist Taktik, Dranbleiben ist Strategie. Wer sich konzentriert, muss ausblenden, was ihn von den Zielen seiner Aufmerksamkeit ablenkt. Wer dranbleiben will, muss eine innere Ordnung finden. Es kann sogar notwendig sein, ein Ziel aus den Augen zu verlieren, um es zu erreichen. Wer auf einen Gipfel will, von dem ihn ein Tal trennt, muss es wagen, sich scheinbar von dem ersehnten Ziel zu entfernen, um zu ihm zu kommen. Er muss es loslassen, es in dem Tal ganz aus dem Blick verlieren, um es zu erreichen.

Konzentration ist (er)fassen und festhalten; Dranbleiben ist loslassen und lenken. Der Feind der Konzentration ist die Ablenkung; der Feind des Dranbleibens die (Selbst)-Entwertung. Die Haltung des Dranbleibens entwickelt sich aus unseren Beziehungen. Wenn die Mutter nicht beim Neugeborenen bleibt, wird es nicht überleben. Wenn sie ihr

Kind nicht rechtzeitig loslässt, ihm eigene Ziele erlaubt und ihm den Weg zu seiner eigenen Entwicklung ebnet, wird das Kind irgendwann mit der Mutter brechen oder seelisch verkümmern.

Dranbleiben ist die Haltung der guten Beziehung, die auf einem gelingenden Austausch beruht, in dem beide Partner sich im Geben und Nehmen in ihrem Weltbezug festigen. Die Grundlage guter Beziehungen ist eine ausgewogene Mischung von Bindung und Loslassen, von Entgegenkommen und Wehrhaftigkeit. Krisen werden als gemeinsames Problem angenommen. Selbst wenn jemand versucht, alle Verantwortung (alle Schuld) für einen Konflikt mir zuzuschieben, lasse ich mich nicht darauf ein, ihm im Gegenzug alle Schuld zuzuschieben. Ich breche die Beziehung nicht ab, um ihm zuvorzukommen. Ich bleibe an meiner Grenze stehen. Ich bin an Verhandlungen interessiert und behandle den Partner nicht rücksichtslos, um meine Ziele durchzusetzen.

Das Dranbleiben erlaubt es, an eine stabile Beziehung auch dann noch zu glauben, wenn ich Andere weder bewundere noch mit ihnen verschmelze. Ich bin überzeugt, dass ich eine Beziehung halten kann, auch wenn ich mich von Handlungen abgrenze, die mich beeinträchtigen.

Wenn ich sparsam, mein Partner aber großzügig ist, wird die Beziehung scheitern, sobald ich ihn zur Sparsamkeit zwingen will oder er mich zur Großzügigkeit. Am Ende wird er mich dann geizig nennen, ich ihn verschwenderisch. Die Haltung des Dranbleibens würde darauf hinauslaufen, nach einer Strategie zu suchen, auf die sich die Partner trotz ihrer unterschiedlichen Ausgangspositionen einigen können.

Das wären im Fall von ständigem Streit über die Verwendung des gemeinsamen Geldes getrennte Kassen. Jetzt können die Partner beieinander bleiben, weil sie sich vor dem schützen, was sie völlig auseinander bringt, wenn sie es ignorieren. Jeder muss für die Folgen seines Wirtschaftens geradestehen, beide müssen sich von der Illusion verabschieden, ihr Gegenüber von ihrer »besseren« Haltung zu überzeugen. Der Sparsame kritisiert nicht mehr jede Ausgabe des Großzügigen und dieser gibt nicht mehr Geld aus, das der Sparsame lieber auf die hohe Kante legt.

Woran kann ich dranbleiben? Fast erübrigt sich ein Katalog – er ist so vielfältig, wie unsere Ziele: An Menschen, an Dingen, an Arbeiten in Handwerk, Wissenschaft und Kunst, am Erlernen von Kenntnissen, an der Begegnung mit einer Kultur, einer Landschaft, einer Organisation, wie einer Firma, einem Verein.

Wer an seinen leiblichen Empfindungen dranbleiben kann, wird sich nicht überessen und seinen Körper nicht so beanspruchen, dass er geschädigt wird. Dranbleiben hat sehr viel mit dem Annehmen der Wirklichkeit zu tun. Je mehr wir in unseren Plänen Tagtraum und Realität einander annähern können, desto besser sind wir davor geschützt, beim ersten Rückschlag so abzustürzen, dass wir unser Ziel verlieren. Die Wirklichkeit ist ein Konglomerat ohne jede Bereitschaft, Idealvorstellungen zu entsprechen. Orientieren wir uns an ihr, dann ist Zweifel angebracht, dass wir in den Sternen lesen oder uns einen Liebeszauber brauen können. Umgekehrt müssen wir auch nicht fürchten, ins Bodenlose zu fallen, wenn die Sterne Katastrophen künden und die Hexe uns verwünscht. Wir bleiben auf dem Boden, und er ist so hart oder weich, so fruchtbar oder karg, wie wir ihn durch unsere eigene Arbeit gemacht haben.

1. Die gehetzte Gesellschaft

Spiel und Leistungsdruck

> Die Tat ist alles, nichts der Ruhm[2]

> Von des Lebens Gütern allen
> Ist der Ruhm das höchste doch,
> Wenn der Leib in Staub zerfallen,
> Lebt der große Name noch.[3]

Den Augenblick zu genießen, würde nicht so oft besungen und unterstrichen, wenn es leicht wäre, es zu tun. »Freut euch des Lebens« hat zwei mächtige Feinde: die Angst und den Neid. Die Angst lässt nicht locker, so lange wir keinen sicheren Ort gefunden haben (genauer: uns das einbilden können, denn dauerhaft sichere Orte gibt es nicht). Der Neid schärft unsere Aufmerksamkeit für die sicheren Orte, die andere schon haben. Verdienen wir sie nicht mehr als diese?

Goethes Rat, sich auf die Tat zu konzentrieren und nicht auf Anerkennung von außen zu setzen, wird nicht dadurch falsch, dass es fast unmöglich ist, ihm dauerhaft zu folgen. Kaum habe ich mir vorgenommen, ganz im Hier und Jetzt zu leben, überfällt mich wieder die Angst vor der Zukunft. Muss ich mich nicht gegen Armut im Alter, gegen Hilflosigkeit, gegen Feuer und Diebstahl versichern? Habe ich genug getan, um meine Geltungsansprüche durchzusetzen? Ist es nicht ungerecht, dass andere, die weniger leisten, mehr haben?

Wer spielende Kinder beobachtet, kann erkennen, dass Selbstvergessenheit und Konzentration auf das gegenwärtige Tun ohne sonderliche Fixierung auf Erfolg nicht das Ergebnis pädagogischer oder therapeutischer Bemühungen sind. Das bringt jedes gesunde Kind schon mit, wenn ihm diese Möglichkeit nicht genommen wird.

Ein Kind kann mit Dingen und sozialen Situationen spielen, es kann auf Menschen zugehen, ihnen sagen, was ihm an ihnen auffällt, sie betasten, zärtlich zu ihnen sein oder sich unerwünschten Zärtlichkeiten entziehen. Kindern wird jedoch so energisch ein von Schamgefühlen bestimmtes Sozialverhalten beigebracht, dass sie später Hilfe brauchen, um zu diesen ursprünglichen Fähigkeiten zurückzufinden. Therapeuten, Rhetoriklehrer oder Tanzpädagogen rechnen es sich dann als Verdienst an, dass ihre Klienten zumindest ansatzweise wieder »können«, was sie schon als Dreijährige beherrschten: auf andere Menschen zugehen und Kontakt suchen, laut sprechen, ohne die eigene Stimme schon im Ansatz zu hemmen oder sich expressiv zu bewegen.

Psychoanalytiker verbringen ihr Berufsleben dann damit, Erwachsene an jene Stellen ihrer Entwicklung zurückzuführen, wo sie verlernt haben, zu spielen. So suchen sie ein Erziehungswerk rückgängig zu machen, in dem sich der Ernst nicht aus dem Spiel entwickeln darf, sondern es bekämpft und unterdrückt.

Die schwarze Pädagogik[4] ist sozusagen von Missionaren und für Missionare entworfen worden. In ihr wird die neue Norm zum Feind ihrer angeblich wertlosen Vorgänger. Die spielerischen Orientierungen an der Funktionslust des Organismus werden verteufelt, ihre intuitiven Verbindungen mit dem Umweltangebot zur »richtigen« Leistung kanalisiert. Was dazu nicht passt, darf auch nicht bleiben.

Wie gut das gelingen kann, zeigen jene Menschen, die als Erwachsene von Ängsten und Depressionen gequält nach der »richtigen« Arbeit, dem »richtigen« Beruf, dem »richtigen« Partner suchen. Wo der Weg zum Ziel wird, gibt es viele Wege und vor jedem Hindernis können wir in aller Ruhe entscheiden, ob wir weitergehen, ausweichen oder umkehren. Wo aber Erfolg und Ruhm die Kriterien sind, wird Ausweichen oder Umkehren mit Scheitern gleichgesetzt.

Alle Beobachtungen über die menschlichen (Glücks-) Möglichkeiten lehren uns, Abstand zu halten von Ehrgeiz und Erfolgsstreben. Aber diese Einsicht stößt in einer an Leistung und Wettbewerb orientierten Kultur auf viele Widerstände. Ironischerweise kann auch die Distanz von ihr zum Gegenstand von Konkurrenz werden. Wer ist der am meisten erleuchtete Weise? Welcher Mönch hat sich am meisten von weltlichem Ehrgeiz entfernt? Welche Nonne ist die demütigste? Wer seinen Mitmenschen wertfrei und empathisch begegnen will, bewertet sein Verhalten im Licht dieser Ziele; am Ende ist es ja auch ein Ziel, den Weg zu diesem zu machen.

Die Kunst des Dranbleibens respektiert dieses Dilemma. Obwohl kein Mensch ganz autonom ist, macht es doch Sinn, sich um Unabhängigkeit zu bemühen, wohl wissend, dass wir sie immer wieder verlieren werden. Der Wilhelm von Oranien zugeschriebene Spruch »Ich brauche weder die Hoffnung, um zu beginnen, noch den Erfolg, um fortzufahren!« ist ein Motto, kein Rezept. Seine Botschaft können wir immer wieder auf unsere Emotionen anwenden; ändern werden wir diese dadurch keineswegs. Wir gewinnen im besten Fall etwas mehr Abstand zu ihnen.

Misserfolg wird erst dann zum Scheitern, wenn wir auf dem Weg zu einem idealisierten Ziel versäumt haben, uns dieses Weges zu bemächtigen und seiner zu erfreuen. Wer sich selbst und den ihm nahe stehenden Menschen in seelischen Krisen vermitteln kann, dass es stets die Möglichkeit gibt, einzelne Schritte in Arbeit, Kunst und Leben als in sich wertvoll zu erleben, findet Möglichkeiten der Erholung, die ihm sonst unzugänglich bleiben. Wer nur schnell fertig werden und den Erfolg einheimsen will, gerät in Gefahr, zum Scharlatan zu werden. In der Wissenschaft wird er zum Plagiator. Forschung macht ihm keine Freude, es geht allein um den Titel, da sind gestohlene Texte genau so gut wie selbst verfasste.

Da in unserer Kultur die größte Anerkennung mit der höchsten Leistung verbunden wird, kommen auf den einen, der dieses Ziel erreicht, zahllose andere, die sich selbst entwerten, weil sie dazu nicht fähig sind. Erste Preise sind selten, Depressionen häufig; sie sind inzwischen die gefährlichste Erkrankung, was den Erhalt der Arbeitsfähigkeit angeht.

Im Herbst 2011 wurden die neuesten Zahlen der Deutschen Rentenversicherung veröffentlicht. Sie belegen, dass psychische Störungen (und von ihnen am häufigsten Depressionen) inzwischen die wichtigste Ursache für unfreiwilliges, vorzeitiges Ausscheiden aus dem Berufsleben sind. Während früher Rücken- und Gelenkbeschwerden an erster, Herz- und Kreislaufleiden an zweiter Stelle der Ursachen einer verminderten Erwerbsfähigkeit standen, sind es heute seelische Überlastungen, die auch erheblich früher einsetzen als die körperlichen: 1980 waren die erwerbsunfähigen Neurentner durchschnittlich 56 Jahre alt, heute sind es 50 Jahre, bei den seelischen Störungen sogar nur 48 Jahre. Jede zweite Frau und jeder dritte Mann gehen wegen einer seelischen Störung vorzeitig in Rente.[5]

Manche Spitzensportler erkranken nach einer Verletzung, die sie aus dem Rennen wirft, an einer Depression. Der Sport, einmal ihr ein und alles, macht ihnen keine Freude mehr, weil sie nicht mehr so erfolgreich sind wie früher. Andere können sich diese Freude erhalten und zu den alten Fähigkeiten neue hinzugewinnen. Diese Unterschiede hängen auch damit zusammen, wie viel Spielerisches in den Leistungsernst übernommen werden konnte.

Wem sein Können unabhängig vom Erfolg wertvoll bleibt, der hat sich etwas von der primären Funktionslust erhalten, die schon das Spiel höherer Wirbeltiere prägt. Keine Katze würde das Mausen lernen, wenn ihr der komplizierte Such-, Beschleich- und Fangablauf nicht ganz unabhängig von genießbarer Beute Selbstzweck wäre.

Gladiatoren der Konsumgesellschaft

Wenn im Geschichtsunterricht die Gladiatorenspiele der römischen Antike durchgenommen werden, meinen die Gymnasiasten doch Trost im Heute zu finden. Ist es nicht undenkbar, dass Menschen mit Peitschen getrieben werden, um Leib und Leben in der Arena zu riskieren? Wer aber die Dynamiken des Profisports studiert, an die Doping-Skandale denkt und zur Kenntnis nimmt, wie oft Aktive schwere Verletzungen auskurieren müssen, ist sich des Fortschritts nicht mehr sicher. Im modernen Leistungssport wird die Verführbarkeit des Menschen deutlich, die Grenzen seiner Belastbarkeit zu ignorieren, um kurzen Ruhm zu erlangen.

Vor einigen Jahren schrieb der frühere Trainer und damalige »Alpindirektor« der deutschen Ski-Frauen[6] seinen Schützlingen eine Hysterie zu, weil sie nur allzu berechtigte Ängste zeigten: »Das ist hausgemacht, sie steigern sich in etwas rein, was gar nicht existent ist. Das ist der Verletzungswahn. So wie sie zuletzt fuhren, muss man sagen: Die haben die Hosen voll. Dabei haben sie keinen Grund, so defensiv Ski zu fahren … Es gibt keine Verletzungsserie aufzuarbeiten wie 2003 oder 2004, als von acht unserer Starterinnen vier im Krankenhaus lagen. Es gibt nur eine Psycho-Hysterie.«

Der Experte am sicheren Rand der Piste hat den Begriff der Psycho-Hysterie seiner Sportlerinnen erfunden, um eine sozusagen doppelte Hysterie zu brandmarken, eine ganz besonders wenig ernst zu nehmende Willens- und Mutschwäche, welche durch die Androhung einer Rückstufung in Rennen der zweiten Garnitur behoben werden kann. Die Suada des Alpin-Direktors gegen die »Feigheit« seiner Kämpferinnen beweist, wie militaristische Traditionen die Leistung absolut setzen und den Sinn des Sports darüber preisgeben: die Nähe zu Freude, Muße und Spiel.

Das alte olympische Motto[7] knüpfte noch an die Maxime an, dass der Weg das Ziel sein sollte. Wichtig sei die Teilnahme und nicht der Sieg. Manche Sportfunktionäre sind heute in ihrem psychologischen Wissen und in ihren geistigen Haltungen zum Stand der preußischen Armee von 1914 zurückgekehrt. Damals gab es keine durch nervöse Überlastung kampfunfähigen Soldaten; es gab nur Feiglinge. Die Opfer der seelischen Traumatisierungen wurden moralisch abqualifiziert. Ausgebrannte, erschöpfte Kämpfer existierten nicht. Soldaten, die an Grabenschock oder Granatenfieber litten, wurden als Simulanten diagnostiziert und durch eine pseudowissenschaftliche Behandlung mit elektrischen Schlägen – einer verleugneten Folter – an die Front zurückgezwungen.

Als der amerikanische General Patton, ein berüchtigter Haudegen, 1942 in Sizilien einen Soldaten ohrfeigte, der wegen eines posttraumatischen Syndroms im Lazarett lag, wandten sich die klüger gewordenen Ärzte an die Presse. Nach einer heftigen Diskussion in den Medien behielten die inzwischen psychoanalytisch aufgeklärten Militärpsychiater Recht. Patton musste sich öffentlich entschuldigen.

Aber diese Einsicht in die Grenzen menschlicher Belastbarkeit ist offensichtliche keine stabile Errungenschaft des Fortschritts der Zivilisation. Sie fällt in den letzten Jahrzehnten einer mehr und mehr enthemmten Siegesgeilheit zum Opfer. Sie prägt nicht nur die Trainer und Funktionäre, sondern auch die Berichterstattung in den Medien. Sollte nicht Sport ein Spiel sein, das Freude macht und den Verlierer nicht beschämt? Das wirkt angesichts einer wachsenden nationalistischen und militaristischen Tendenz in der Sportindustrie wie ein Ammenmärchen. Der Traum von Fair Play und gesunder Seele im gesunden Körper ist vergessen, wo Siege zum Triumph und Niederlagen zur Schmach werden.

»Und zurück bleibt die Erinnerung an eines der größten Talente, das der deutsche Fußball je hatte.« So kommentierte die Presse Sebastian Deislers Rückzug vom Profisport – mit 27 Jahren selbst in diesem hektischen Gewerbe sehr früh. Von dem Spieler wurde gesagt, er habe das Rüstzeug zu einem deutschen Zidane, er spiele elegant wie ein Brasilianer, lasse seine Gegner im Dribbling wie Statisten aussehen und könne Bälle auf Flugbahnen befördern, wie sonst nur wenige.

Sebastian Deisler hatte ganz offensichtlich sehr viel weniger seelische Schutzmechanismen als andere Profispieler. Ehrgeiz und das militaristische Klima im Kampf der Bundesliga-Gladiatoren wirkten zusammen. Er riskierte viel zu viel, erholte sich nicht richtig und litt zwischen 19 und 26 Jahren an nicht weniger als 15 Verletzungen, die in fünf Operationen (die meisten am rechten Knie) behandelt wurden.

2003 überzeugte der Münchner Neurologe Florian Holzboer Sebastian Deisler, sich als Depressions-Patient zu outen. Holzboer ist ein sehr ehrgeiziger und in der Fachwelt nicht unumstrittener Forscher, der es sich zur Aufgabe gemacht hat, eine körperliche Ursache der Depression zu entdecken. Entsprechend ignoriert er in seiner Arbeit tiefenpsychologische oder konfliktorientierte Ansätze. Er arbeitet in der Öffentlichkeit darauf hin, die Depression als ein Leiden darzustellen, das auf einem Stoffwechseldefekt beruht und mit den Gaben der Pharma-Industrie ähnlich erfolgreich behandelt werden kann wie Diabetes durch Insulin.

Kritische Psychiater sehen in solchen Theorien moderne Mythen. In Wahrheit ist die Entstehung einer Depression komplex, psychosoziale Einflüsse spielen eine zentrale Rolle. Der Mythos des Erbleidens, den Holzboer an Deislers »erfolgreicher« Behandlung mit Psychopharmaka demonstrieren wollte, hat neben entlastenden auch sehr problematische Folgen.

Die Betroffenen werden angeleitet, nicht kritisch über sich selbst und ihr bisheriges Leben nachzudenken. Das mag sie von Gefühlen persönlichen Versagens entlasten, zu denen sie in ihrer von Skrupeln, Ängsten und Schuldgefühlen verfinsterten Psyche neigen. Aber es entlastet ihre soziale Umwelt noch weit mehr. Positiv denken, Pille einwerfen, alles ist wieder gut! Das freut den Ehemann der melancholischen Hausfrau ebenso wie den Trainer des verletzungsgeplagten Fußballers. Beide müssen nicht erwägen, wie viel Mitverantwortung sie an den Gefühlen des Scheiterns, der Verzweiflung, der Aussichtslosigkeit tragen.

»Es tut mir sehr leid«, sagte der Nationaltrainer Joachim Löw auf die Frage eines Reporters zu Deislers Rücktritt, »dass ein Fußballer mit solchen herausragenden Qualitäten auf diese Weise seine Karriere beenden muss. Aber er kennt seinen Körper am besten ...«

Ein Profisportler *darf* seinen Körper gar nicht kennen. Trainer sind gnadenlos, wenn sie den Eindruck haben, dass sich jemand »schont«. Natürlich gibt es Ausnahmetalente wie einst Franz Beckenbauer, selbstbewusste Spieler, die sich von niemandem in ihrer körperlichen Risikobereitschaft beeinflussen lassen. Aber eher weiche, selbstunsichere Persönlichkeiten können sich kaum vor solchen (Über-)Forderungen schützen.

Depressiv gefährdete Personen haben wenig Kontakt zu sich selbst. Sie haben schon als Kinder begonnen, eigene Gefühle zu unterdrücken, um anderen zu gefallen. Sie gewöhnen sich daran (und werden oft auch darin sehr anerkannt), sich an Forderungen anzupassen, Fehler bei sich zu suchen und Harmonie zu finden, indem sie alles tun, um andere Menschen nicht zu kränken.

Man kann sich vorstellen, wie wenig ein hochbegabter Spieler mit dieser Persönlichkeitsstruktur seinem Trainer widersprechen kann, der ihn auffordert, Schmerzen zu ignorieren und endlich wieder die Leistung zu bringen, die von ihm verlangt wird. Je mehr ihn die erste Verletzung gekränkt und verunsichert hat, desto heftiger wird er alles dranzusetzen, den Eindruck auszulöschen, dass er versagt hat.

Wer sich mit der seelischen Komponente von Sportverletzungen auseinandersetzt, findet sehr oft, dass den Betroffenen vorher durchaus bewusst war, dass sie eine Grenze überschritten haben, die sich vielleicht als körperliches Sicherheitsgefühl beschreiben lässt. Ich erinnere mich an einen 40-jährigen Patienten, einen hervorragenden Skifahrer, der an einem schönen Wintertag zunächst sehr stolz war, dass er ebenso schnell wie früher die schwarze Piste bewältigen konnte.

Dann überholte ihn ein junger Mann. Der 40-Jährige fühlte sich herausgefordert, wollte dem anderen zeigen, dass er besser war, ignorierte die warnenden Stimmen in seinem Erleben – und landete mit einem komplizierten Bruch im Krankenhaus. Die verborgene Depression, welche ihn in die Psychotherapie gebracht hatte, wurde durch dieses Ereignis manifest.

Vielen Depressionen geht eine ähnliche Szene von Selbstüberschätzung und Selbstüberforderung voraus. Diese fällt dem Betroffenen ebenso wenig auf wie seiner sozialen Umwelt; »gesunde« Depressive sind meist besonders angenehme, scheinbar belastbare und begabte Menschen. Dass sie Hilfe brauchen, wird erst deutlich, wenn der Überschwang zusammenbricht.

Kreuzbandriss, Meniskusriss, Innenbanddehnung, Muskelriss, Innenbanddehnung, Kreuzbandriss und Meniskusschaden, Leistenprobleme, Luxation und Kapselriss im rechten Knie … das sind nur einige der Verletzungen, die Deisler zwischen 1998 und 2001 verkraften musste. Trainer und Manager behaupteten später, sie hätten ihm zugeredet, sich vollständig auszukurieren und erst dann wieder zu spielen. Deisler hat seine Geschichte inzwischen zusammen mit einem Journalisten erzählt.[8]

Den Weg zum Ziel machen bedeutet, auch unerwünschte Rollen anzunehmen. Wenn beispielsweise von Ärzten generell gesagt wird, dass sie anderen raten, sich mit Fieber ins Bett zu legen und gründlich zu kurieren, selbst aber Aspirin einwerfen und weiterarbeiten, signalisiert das eine Verwendung der Helferrolle, um die Patientenrolle abzuwehren. Ein hoch kränkbares Selbstgefühl duldet keine Schwäche. Es kann nicht zwischen einem vorübergehenden und einem endgültigen Verlust unterscheiden. Da sich ein Weg in die Gesundheit oft nur dann öffnet, wenn eine Krankheit ernst genommen wird, bestätigt sich diese Angst durch ihre eigenen Folgen, wie im Beispiel des Sportlers, der sich – noch nicht ganz kuriert – schon wieder anstrengt.

In menschlichen Sozialisationen gab und gibt es Riten des Übergangs. In primitiven Kulturen spiegeln sie in oft drastischer Symbolik, wie Beschneidung, (Narben-)Tätowierung, Isolation und ritueller Tod, dass jetzt neue Rollen, neue Aufgaben an die Stelle der alten treten.

In der Moderne gibt es diese Rituale in abgemilderter Form weiter: Gesten wie sich zu betrinken, verbotene Drogen zu nehmen, Graffiti an Wände zu sprühen, signalisieren auch: Ich bin kein Kind mehr. Sozial verträglicher sind Konfirmation, Abiturfeier, Abiturreise.

Um Platz für das Neue zu schaffen, muss das Alte verschwinden. Sobald das zu radikal geschieht, geht Unersetzliches verloren. Die Gefährdung durch Depressionen wächst. Ein Ernst, der auf dem Spiel aufbaut und dieses integriert, kann notfalls zu diesem zurückfinden. Was fast noch wichtiger ist: Er wird Kinder und das, was sie in ihm auslösen können, nicht bekämpfen und seinen Ernst gegen das kindliche Spiel setzen müssen.

Es ist kein Zufall, dass die wichtigsten Übergangsrituale helfen sollen, die Schwelle zwischen Kind und Erwachsenem zu überschreiten. Das geschieht nur körperlich und sozial definitiv, wird in unserem Erleben aber häufig nicht nachvollzogen. Innerlich erhält sich das zaghafte Kind.

Viele Erwachsene berichten in einer Therapie, dass sie akademischen Titel und herausgehobene berufliche Position als etwas Äußerliches erleben, das ihnen gar nicht wirklich gehört. »Morgens im Bett fühle ich mich wie ein verzagtes Kind, das nichts kann und nichts weiß und jederzeit als Hochstapler verhaftet werden kann. Dann dusche ich und ziehe mich an, und dann bin ich wieder der Professor und Abteilungsleiter.«

Die Flüchtigkeit der Einsicht und die Forderung, sie immer wieder neu zu gewinnen, hängt mit dieser Instabilität unserer seelischen Strukturen zusammen. Der Mensch ist zwar in seinem Körperbau ein Wirbeltier, dem Knochen und Bänder eine feste Struktur geben. Seelisch aber gleicht er den Insekten, deren Körper innen weich ist und von einer äußeren Schale gleichzeitig getragen und gegen die Umwelt geschützt wird.[9] Wir sind psychisch darauf angewiesen, von außen gefestigt zu werden. Ohne symbolische oder im zwischenmenschlichen Kontakt wurzelnde Bestätigung verlieren wir unseren inneren Halt.

Gleichzeitig aber gefährdet uns diese starre Schale. Sie beeinträchtigt Spontaneität, Empathie und Begeisterung. Ausgedehnte Erfahrungen mit diesem Dilemma haben die großen religiösen Organisationen. Indem sie Glauben verwalten und in hierarchische Strukturen fassen, schwächen sie auch die persönliche Spiritualität, die sich in der Nähe zu einer heiligen Gestalt entfaltet. Sie entfernen sich von den Menschen. Dostojewski hat dieses Dilemma beschrieben, in der Novelle über den Großinquisitor, der Jesus begegnet und ihn belehrt, er habe das Evangelium für den Menschen tauglich gemacht.

Jede Einsicht, jede Form der Achtsamkeit und des Wissens, was »eigentlich« wichtig ist im Leben, nutzt sich ab. Es ist dem Menschen nicht gegeben, dauerhaft erleuchtet zu sein. Sektengründer bekämpfen diesen Verbrauch der Bedeutung ihrer großen Visionen, indem sie andere bekehren.[10]

So lange die Gruppe der Rechtgläubigen besteht und es Ungläubige gibt, die noch nicht dazugehören, kann der Sendungsbewusste gar nicht darüber nachdenken, ob sein eigener Glaube noch so frisch ist, wie er einmal war. Jeden Tag kommen Menschen zu ihm (oder sucht er Menschen auf), die ihm eben das ermöglichen, ja es ihm gebieten.

Wer den Erosionsprozess nicht bekämpfen, sondern verstehen will, taugt nicht zum Propheten. Die überzeugende, die große Einsicht in die Wurzeln des Daseins erleben wir nicht dauerhaft, sondern als Entladung einer geistigen Spannung angesichts eines aktuellen, schmerzhaften Zustandes der Verwirrung, der sich nun löst. Auch dieser Vorgang hängt mit dem zentralen Affekt der Angst zusammen, die uns treibt, einen sicheren Ort zu finden. Ist er erreicht, verschwindet sie, wir sind »erlöst«.

Alsbald aber gewöhnen wir uns an den sicheren Ort, beginnen vielleicht gar, ihn als bedrückend, lähmend, als Gefängnis zu empfinden. Also beginnen wir ihn zu ignorieren. Wir machen uns wieder auf den Weg, begegnen neuen Gefahren, finden entweder in den alten sicheren Ort zurück oder entdecken einen neuen.

Schnellsterbige Zeit

»So ist das eben in unserer schnelllebigen Zeit«, heißt es, wenn sich jemand erkundigt, weshalb das gestern noch horizontfüllende und brandheiße Thema heute niemanden mehr zu interessieren scheint. Wir werden schneller alt. Als ich in den sechziger Jahren mein Diplom gemacht hatte, fürchtete ich vor allem, *zu schnell* in einem festen Arbeitsverhältnis vereinnahmt zu werden. Heute wird den Studenten empfohlen, schon zur Vordiplomszeit in Betriebspraktika ihren künftigen Arbeitgeber auf sich aufmerksam zu machen und spätestens mit dreißig die Karriereweichen endgültig zu stellen.

Auch die Dinge altern schneller als früher. Können wir uns vorstellen, dass unsere Kinder noch mit dem Fahrrad, das wir seinerzeit als Schüler bekamen, Rad fahren lernen? Der Computer, den ich vor zwei Jahren erworben habe, ist nächstes Jahr vielleicht schon zu alt, seine Schnittstellen passen nicht mehr, das neue Schreibprogramm reagiert wie ein Idiot auf das alte. Geräte entwickeln sich in selbstzerstörerischem, umweltschädlichen Tempo. Viele verwandeln sich, bevor sie tatsächlich unbrauchbar sind, in Schrott. Mode- und Kosmetikindustrie gewinnen ihre Umsätze daraus, dass sie das Veralten ihrer Produkte beschleunigen.

Es fällt schwer, unter die Oberfläche des Wirbels aus Hast zu dringen, der uns umgibt. Wer sich gründlich mit etwas beschäftigen, durchdachte Äußerungen tun, verschiedene Aspekte eines Problems beleuchten möchte, dem kommt in unserer Welt nicht viel entgegen. Das gilt am meisten dann, wenn er für seine Gedanken öffentliche Aufmerksamkeit wünscht. Man muss nur eine einzige Talkshow sehen, um herauszufinden, wie mühsam es ist, differenzierte Argumente zu vertreten.

Wir leben in einer Kinderbuch-Welt, haben plakative Bilder im Kopf und sind überzeugt, dass uns die »guten« Medien – angesehene Tageszeitungen und Magazine etwa, oder die Tagesthemen der ARD – gediegen informieren. Das glauben wir so lange, bis wir zufällig einmal selbst etwas genau kennen, wovon berichtet wird. Dann erschrecken wir. Der Bericht ist voller Schnitzer, er vereinfacht, verfälscht, emotionalisiert. Wer hätte das gedacht? Es muss ein Ausrutscher sein!

Unsere Zeit ist schnellsterbig, nicht schnelllebig. Das klingt unfreundlicher, trifft es aber genauer. Es geht um eine schnelle Auflösung und Entwertung, ein Kippen von der dramatischen Überschätzung der Sensation von heute in die dramatische Unterschätzung der Nachricht von gestern. Wer aber in sein Leben finden und etwas aus ihm machen will, muss lernen, diesem Prozess zu widerstehen.

Zeit, die unsere Großeltern mit körperlicher Arbeit verbrachten, füllen wir damit, unerwünschte Bilder wegzuzappen. Ein, in der Hoffnung auf dem nächsten Kanal etwas zu finden, zerstückelter Abend symbolisiert dieses Lebensgefühl. In unserem Umgang mit Beziehungen – »Ich habe Schluss gemacht«, mit der Arbeit – »in diesem Job werde ich nicht alt!« und mit Dingen – »ich kann diese Farbe nicht mehr sehen« macht sich die Ex-und-hopp-Geste breit. Sie passt nicht zu einem Planeten mit begrenzten Ressourcen.

Verlorene Traditionen des Dranbleibens

In vormodernen Kulturen wird das Dranbleiben durch soziale Normen garantiert, durch sinnliche Eindrücke verstärkt und durch massive Sanktionen erhalten. Wer aus seinem Dorf, seinem Hof weggeht, verliert seine Heimat, gerät ins Elend. Während wir Elend heute mit Armut und Ungemach verbinden, war es in der traditionellen Kultur durchaus wörtlich gemeint: Wer sein Gebiet durch fremden Einfluss oder eigenen Entschluss verlässt, war »aus dem Land«, kurz elend.

In der traditionellen Umgebung erleichtern mächtige, oft auch grausame Strukturen, was wir heute mühsam in uns selbst suchen sollten. Eine davon ist der fast allgemeine Zwang zur körperlichen Arbeit, die einen sinnfälligen, eindrucksvollen, unübersehbaren Zusammenhang zwischen Aufwand und Ergebnis herstellt.

Wenn alle Menschen in der Umgebung eines Kindes körperlich arbeiten und es immer wieder erlebt, dass sich die Welt dem schrittweisen, planmäßigen Vorgehen fügt, wird es ähnliche Haltungen in sich aufbauen und an die Umwelt herantragen. Ein Garten, ein Handwerk, Haustiere oder ein Musikinstrument sind damals wie heute unersetzliche Hilfen, um zu erleben, wie schön und sinnvoll es ist, durch beständige Aufmerksamkeit und Übung vom Lehrling zum Meister zu werden.

Meisterschaft fällt in dieser Welt nie vom Himmel, sie will erworben sein. Der klassische Dreischritt vom Anfänger über den Könner zum Anleiter ist immer auch ein Weg, auf dem sich Fähigkeiten schrittweise entwickeln und weitergegeben werden: Lehrling, Geselle, Meister; Schiffsjunge, Matrose, Steuermann; Rekrut, Soldat, Hauptmann.

Auch in der traditionellen Gesellschaft hat es immer wieder Aufbrüche und Abenteuer gegeben. Sie gehören zum Wesen des Menschen. Wenn ihnen die Heimat zu eng wurde, zogen Gruppen junger Menschen fort, nahmen Saatgut und Werkzeug mit und gründeten anderswo eine Kolonie. So besiedelten die Griechen die Küsten des Mittelmeers und die Polynesier die Inseln des Pazifik; die

Wikinger Frankreich und Sizilien, die arabischen Stämme Nordafrika und Asien. Aber diese Aufbrüche waren nicht individualisiert. Es waren nicht *einzelne* Personen, die auszogen, um ihr Glück zu finden.

Traditionelle Kulturen verändern sich sehr langsam. Ein Bauer im Atlasgebirge Marokkos benutzt heute noch weitgehend dieselben Werkzeuge wie vor zweitausend Jahren. In den entwickelten Ländern haben Kraftmaschinen und Elektrizität die entstehende »Industriegesellschaft« hochgradig beschleunigt. Diese Beschleunigung greift durch die im 20. Jahrhundert zu höchster Perfektion entwickelten Massenmedien immer tiefer in die individuelle Psyche.

In einer schriftlosen Kultur sind die Lebensentwürfe fest an die sinnliche Realität geknüpft. Das ändert sich bereits durch die Schrift und durch das Buch. Im 18. und 19. Jahrhundert gab es eine breite Diskussion über den verderblichen Einfluss von Romanen auf die Psyche junger Menschen, vor allem junger Frauen. Wer da zuviel von edlen Helden und romantischer Liebe las, der würde sich schlecht mit dem abfinden, was von der Kanzel tönte.

Wer einen Teil seiner Kindheit vor dem Fernsehzeitalter verbracht hat, kann sich erinnern, dass bis in die 60er Jahre hinein der Kampf gegen das Lesen von »Schundromanen« und »Schundheften« dazu führte, dass die geliebte Lektüre unter Dielenbrettern und Matratzen vor dem wachsamen Auge der Eltern verborgen wurde.

Heute begeistern sich Pädagogen für die Harry-Potter-Geschichten. Endlich greifen die Kinder wieder zum Buch und fiebern jedem neuen Band entgegen. Während einst der Kampf für die »gute« und gegen die »schlechte« Literatur geführt wurde, wird Literatur inzwischen allein deshalb gelobt, weil sie gelesen wird. Die Schundfront hat sich verlagert. Seit es zur Normalkindheit geworden ist, sich

31

den Kopf mit immer schnelleren Folgen immer aufreizenderer Abenteuerbilder füllen zu lassen, freut sich der Erzieher, wenn ein Kind soviel Aufmerksamkeit und Disziplin aufbringt, dass es einen Abenteuerroman *liest*.

Fernsehkinder ziehen die Glotze dem Kontakt mit Erwachsenen vor. Die technische Neuerung der blitzschnellen Programm-Abwahl ist ein elektronisches Entgegenkommen zu den charakteristischen Spaltungsprozessen, welche unsere seelische Kontinuität auflösen können. Eine unerwünschte Realität wird augenblicklich durch eine andere ersetzt, die sich besser zu den Bedürfnissen fügt.

Experten gehen heute von einem durchschnittlichen Verhältnis von 11 000 Schul- zu 15 000 Fernsehstunden[11] aus. Fernsehkinder werden so beschrieben: Sie haben Sprachprobleme, können keine Geschichte zusammenhängend erzählen und geraten angesichts des Bildschirms in einen Trancezustand, der sie jede Störung als lästig empfinden lässt.

Ihre Fähigkeit, Beziehungen mit anderen Kindern aufzunehmen und sich mit diesen auszutauschen, ist beeinträchtigt. Wenn es kein Programm gibt, dominiert Langeweile. Die Medienstrukturen setzen sich ins Innere der Kinder hinein fort. Sie sind geprägt von den extremen Anstrengungen der Werbeindustrie, die Aufmerksamkeit um jeden Preis festzuhalten. Fernsehkinder können nur starke Reize konzentriert verfolgen. Werden sie nicht stimuliert, erlahmt ihre Konzentration; sie »schalten ab«.[12] Eine wachsende Zahl der Schulkinder kann heute keinen Ball mehr fangen und nicht mehr auf einem Bein hüpfen. Die Verletzungsgefahr im Sport oder beim Toben im Schulhof ist durch das Missverhältnis zwischen den Ansprüchen an die eigene Leistung und der motorischen Geschicklichkeit angestiegen.

Von den euphorischen Prognosen konservativer Politiker, die sich von der Verkabelung mehr Raum für die Selbstentfaltung mündiger Bürger erwarteten oder, wie der damalige Ministerpräsident von Baden-Württemberg, Lothar Späth, die Medien als »Intelligenzverstärker« priesen, ist nichts geblieben. Die kommerziellen Sender haben die Fernsehlandschaft mit Sex und Gewalt überflutet.[13]

Sich selbst überlassen, drohen den Vielsehern Angst und Aggressivität. Teufelskreise werden angestoßen: Weil Fernsehkonsum Beziehungen zu realen Menschen ersetzt, verlieren die Kinder an Kontaktkompetenz. Es fällt ihnen schwer, Alternativen zu finden, die sie interessieren und von ihren passiven Wünschen befreien. Wie die Schlange in der Fabel ihr Opfer bannt, bis es jede Kraft verliert, ihr zu entfliehen, so bindet die Wirkung des Bildschirms anfällige Zuschauer an seinen lähmenden Einfluss.

Zögernd setzt sich auch unter den Zauberlehrlingen der konservativen Medienpolitik die Einsicht durch, dass die Programmgestaltung nach den Grundsätzen des freien Marktes alle Werte des Grundgesetzes ad absurdum führt. Demokratie, Achtung vor der Menschenwürde, Toleranz, gewaltfreie Konfliktlösung kommen nicht vor; Anstand und journalistische Qualität sind nicht gefragt, es geht um Geld, Quoten, Marktanteile.

Wo Suchtmechanismen dominieren, reicht wissenschaftliche Aufklärung über Folgeschäden nicht aus. In diesen Fällen kann der Einzelne nicht mehr frei über Konsum oder Nicht-Konsum entscheiden. Sucht ruft nur manchmal, wie bei Heroin, das Gewaltmonopol des Staats auf den Plan. Es gehört zum Wesen des Konsumismus, dass immer größere gesellschaftliche Bereiche unter dem Begriff »Sucht« diskutiert werden: Psychopharmaka, Television, Internet, Arbeits- und Sexsucht. Spielsucht und

Wettsucht gehen in Bankgeschäfte mit Derivaten über. In dem Begriff »Spielbank« steckt, wie wir heute sehen, unheimlich viel Wahres. Gibt es noch andere Banken?

Angesichts der Klimaschäden wird klar, wie schwer es fällt, den Suchtmechanismus der Energievergeudung zu bekämpfen, der kurzfristige Bequemlichkeit gegen langfristige Gefahr tauscht. Ähnliche Krisen entstehen, wenn Politiker Beliebtheit durch Schulden erkaufen, für die irgendwann und irgendwie andere aufkommen werden. Im Kleinen kennt das jeder Fernsehkonsument. Längst spürt er, dass es ihm nicht gut tut, vor dem Bildschirm zu sitzen – aber wie schwer ist es, nicht zum nächsten Kanal zu zappen, sondern die Glotze auszuschalten und aktiv zu werden?

Wer zum wiederholten Mal in dieser Situation glaubt, dass ihm der gute Vorsatz helfen wird, nächstes Mal rechtzeitig aufzuhören, der belügt sich meistens selbst. Feste Termine mit Freunden! Fernseher abschaffen! Eine Zeituhr einbauen, die gnadenlos die Glotze nach zwei Stunden abschaltet!

Sind das Hilfskonstruktionen, weit unter dem Niveau eines mündigen Menschen? Oder Zeichen, dass ein Abhängiger seine Mündigkeit wiederherstellt?

Der Fernsehkonsument, der auf der Suche nach dem besten Reiz den Abend zerzappt, der Politiker, der sich und andere mit dem Versprechen belügt, durch dramatisches Wachstum seine Schuldenwirtschaft gutzumachen, das Kind, das lieber an der Konsole spielt als seine Hausaufgaben zu machen – sie alle ahnen, dass etwas nicht stimmt mit ihrem Handeln, aber ehe das zu Konsequenzen führen kann, reagieren sie auf den nächsten Reiz. Man möchte ihnen die Entsprechung jener traditionellen Werkstatt ans Herz legen, in der Umrisse der Werkzeuge penibel unter den Haken gemalt sind, an den diese gehängt gehören. So fällt jede Leerstelle auf und mahnt, das Werkzeug an den richtigen Platz zu tun. Das erinnert an eine zweite Gegenkultur des Dranbleibens.

2. Mechanismen des Erfolgsdrucks

Die Aufschieber – dennoch Kreativität entfalten

> Nicht ins Chaos hinabsteigen, sich wenigstens nicht
> dort aufhalten! Sondern aus dem Chaos, welches die
> Fülle ist, ans Licht emporheben, was fähig und reif
> ist, Form zu gewinnen. Nicht grübeln: Arbeiten!
> Begrenzen, ausschalten, gestalten, fertig werden …
> Und es wurde fertig, das Leidenswerk. Es wurde
> vielleicht nicht gut, aber es wurde fertig. Und als es
> fertig war, siehe, da war es auch gut.[14]

Jonas erhält den Termin für seine Diplomarbeit. Er hat ein
ganzes Jahr Zeit, daher will er sich gründlich vorbereiten.
Er sammelt Literatur, konsultiert Fachleute, häuft Berge
von Material auf. Manchmal erdrückt ihn der Gedanke an
die Fülle der angesammelten und noch gar nicht gesichte-
ten Literatur, aber wenn er sich an einen der Stöße macht
und Verwertbares von Unbrauchbarem trennen will, wird
er schnell müde und schichtet den Stapel nur um, weil er ja
noch nicht genau weiß, was er alles brauchen kann und
welche Aspekte er weglassen wird. Viel lieber zieht er aus
und sammelt neue, entlegene Quellen. Ein Freund, der ihn
in seinem Arbeitszimmer besucht und wie ein Storch über
die überall verteilten Stapel von Sonderdrucken, Büchern
und Zeitschriften steigt, studiert die angesammelten Titel,
schüttelt den Kopf und sagt: »Ich glaube, du willst das Rad
neu erfinden.«

Schließlich rückt der Termin so nahe, dass Jonas nachts

hochschreckt, weil er außer vielen Seiten mit Gliederungen und Entwürfen noch keine Zeile der Endfassung zu Papier gebracht hat. Jetzt muss er sich wirklich hinsetzen! Aber wenn er gefrühstückt hat, findet sich immer etwas, das dringend erledigt werden muss. Vorher hat er die Ruhe nicht, sich an den Schreibtisch zu setzen. Das Auto muss repariert werden, es gibt Gartenarbeit, das Arbeitszimmer ist versifft, er muss putzen und staubsaugen. Schließlich ist alles erledigt, da ruft ein Freund an, ein Computerproblem, Jonas ist in der Clique der Experte. Aufatmend packt er die CDs mit seinen Spezialprogrammen ein und macht sich auf den Weg.

In der Nacht kommt das schlechte Gewissen wieder. Wenn er sich jetzt nicht dranmacht, wird er nicht fertig. Ob er den Termin verlängern, einen Aufschub erwirken kann? Er ist doch ein fleißiger Student, seine Freunde halten ihn für sehr begabt, wenn er im Seminar diskutiert, hören die anderen zu, sein Betreuer findet seine Gedanken spannend – warum nur kann er die Sache nicht durchziehen?

Geschichten wie die hier begonnene enden unterschiedlich. In den meisten Fällen wird die Arbeit schließlich doch noch fertig: in den letzten Stunden, Tag und Nacht geschafft, mit Hilfe von Aufputschmitteln und dem quälenden Gefühl, längst nicht das zustande zu bringen, was beabsichtigt war.

In anderen Fällen wird der Abschluss, von Verlängerung zu Verlängerung verschoben, schließlich aufgegeben. Manchmal entpuppen sich dann die Vorarbeiten als Kunstwerk in eigenem Recht. Einer meiner Jugendfreunde brach ein Architekturstudium am damaligen Polytechnikum vor dem Examen ab, holte das Abitur nach und machte sich an ein Studium der Kunstgeschichte. Er war reich begabt, ein großes Organisationstalent und nutzte seine Kenntnisse im Bauwesen, um alte Häuser billig zu kaufen und zu sanieren. Sein Studium mündete in die Vorarbeiten für eine Promotion über einen Bildhauer des 19. Jahrhunderts.

Im Verlauf seiner Vorbereitung auf die Niederschrift der Dissertation legte er eine eindrucksvolle Sammlung von Kunstwerken aus der Epoche »seines« Meisters an. Er erwarb eine kostbare alte Bibliothek um die Transportkosten und suchte Kontakt zur Enkelin des Künstlers, die ihm für seine Arbeit einige wertvolle Wachsmodelle schenkte. Den Text selbst hat er bis heute nicht geschrieben, obwohl der Plan zu ihm älter ist als sein vierzigjähriger Sohn.

Thomas Mann hat sich in seiner Novelle »Schwere Stunde« mit den Qualen der Arbeitsstörung beschäftigt, die dadurch entsteht, dass die Realität des eigenen Werkes dem unbarmherzigen Anspruch nicht standhält und der Zweifel immer wieder niedergerungen werden muss. Er beschreibt, wie Friedrich von Schiller mit »sehnsüchtiger Feindschaft« nach Weimar hinüber denkt, wo der geliebte Rivale Goethe soviel leichter und müheloser arbeitet und lebt. Der Arzt hat ihm die Aufputschmittel verboten, den Likör und den Mokka, er hat die Stubenarbeit begrenzen wollen – aber wie soll das große, das überzeugende Werk entstehen, wenn nicht auf diesem Weg?

Die Arbeitsstörung der Aufschieber wurzelt in einer unbewussten Größenphantasie (»du willst wohl das Rad neu erfinden«). Das primär unsichere Selbstgefühl, ob die eigene Arbeit gut genug ist, soll durch eine große Bemühung, die an Gründlichkeit und Brillanz alle anderen übertrifft, kompensiert werden. Daher werden die Vorbereitungen und Vorarbeiten so intensiviert. Sie sind sozusagen die Rampe, mit deren Hilfe die himmelstürmende Rakete gebaut werden soll. Sich an die Rakete selbst zu machen, das endgültige Ergebnis der Arbeit – in diesem Fall den konkreten Text – herzustellen, ist demgegenüber sehr gefährlich.

Denn etwas, das bleiben soll, kann auch beurteilt werden. Das eigene Urteil ist aber extrem anspruchsvoll. Die Vorarbeiten wecken weder exhibitionistische Wünsche noch Angst vor Beschämung. In ihnen finden die Hoffnung auf das große Werk und die Angst vor eigener Unvollkommenheit noch einen Kompromiss. Aber angesichts des fertigen Textes wachsen die Zweifel. Dieser banale Anfang, diese Jedermannseinleitung, diese leeren Phrasen – das soll meine Traumarbeit sein? Nie und nimmer, das ist eine unfertige, ungültige Skizze, ein Versuch. Die Gliederung, in der immer neue große Pläne umgeschichtet werden, ist dabei – wie alles Vorbereitende – das leichteste Stück; die Endfassung ist es, die soviel Angst auslöst, dass sie nur unter größter Selbstüberwindung angepackt wird.

Der Aufschieber gleicht einem Mann, der eine Mauer bauen soll, aber von jedem einzelnen Baustein erwartet, dass dieser bereits die ganze Mauer ist. Da das nicht der Fall ist, wirft er ihn weg und greift nach dem nächsten. Die kleinen Schritte, die – aneinander gereiht – das Werk ermöglichen, können nur dann geleistet werden, wenn jeder von ihnen in seinem eigenen Recht akzeptiert wird.

Der Aufschieber hungert so nach einem Erfolg und fürchtet sich so sehr vor dem Misserfolg, dass er sich nur einen explosiven Durchbruch aus der Vorbereitung in das Endergebnis vorstellen kann. Am liebsten wäre es ihm, wenn seine unendlich vielen aufgehäuften Vorbereitungen endlich eine kritische Masse gewännen und das Werk in einer spontanen Kettenreaktion entstünde.

Der Mythos dazu ist die Geburt Athenes aus dem Haupt ihres göttlichen Vaters. Zeus entwickelt heftige

Kopfschmerzen, die so unerträglich werden, dass er seinen Sohn Hephaistos – den kunstfertigsten aller Götter – bittet, ihm das Haupt mit einer Axt zu spalten. Der Sohn ringt seine Angst nieder, dem Vater zu schaden, tut das Verlangte – und in glänzender Rüstung entsteigt die Göttin der Weisheit dem geöffneten Schädel.

Während die vegetativen Nerven, welche ohne unser Wissen die Lebensvorgänge steuern, rhythmisch und zyklisch funktionieren, arbeitet das Großhirn linear – wir denken einen Gedanken von Anfang zu Ende, wie wir einen Pfeil abschießen, bis er sein Ziel erreicht. Die Kunst des Dranbleibens entwickelt sich aus der Integration der zyklischen und der linearen Lebensvorgänge.[15] Was wir um seiner selbst willen tun, müssen wir nicht bemüht kontrollieren. Wir dürfen es loslassen, müssen es nicht planend festhalten.

Arbeitsstörungen wie die des Aufschiebers und Essstörungen gleichen sich insofern, als auch Essgestörte niemals aufhören können, an Essen, Nichtessen und die Folgen des Essens auf ihren Körper zu denken. Wer mit diesem Bedürfnis gelassen umgeht, denkt an Essen, sobald er hungrig ist, sucht seinen Teller irgendwo zu füllen und isst, bis er sich satt fühlt. Danach beschäftigt ihn das Thema erst wieder, sobald sich ein neues Hungergefühl meldet.

Das Perfektionsstreben zwingt auf der einen Seite zu rastloser, pausenloser Bemühung. Auf der anderen Seite macht die Arbeit keine Freude. Sie löst Angst aus, den Wunsch, sie hinter sich zu bringen, sie erledigt zu haben. Wir können von einem Angstkreis des Perfektionismus[16] sprechen: Um uns ganz sicher zu fühlen, erhaben über jede Kritik, darf nur das perfekte Werk bestehen bleiben. Gerade dieser Anspruch bedrückt und ängstigt den Schöpfer dieses Werkes.

Wer eine Arbeit, die sich nicht »in einer Linie« erledigen lässt, zu Ende bringen möchte, der muss auch lernen, mit dem Bruchstück des Ganzen, das er heute schaffen konnte, zurechtzukommen, ohne es zu entwerten. Je weniger Spielraum ihm dabei seine Größenphantasie lässt, desto weniger wird er das können. Man kann zwischen einer vom Narzissmus beherrschten und einer Kreativität unterscheiden, der es gelingt, sich den Narzissmus zu unterwerfen und diesen in ihren Dienst zu stellen. Das von Thomas Mann beschriebene Ringen des Dichters mit seinem grandiosen Drama bannt diesen Konflikt.

Größe! Außerordentlichkeit! Welteroberung und Unsterblichkeit des Namens! Was galt alles Glück der ewig Unbekannten gegen dieses Ziel? Gekannt sein – gekannt und geliebt von den Völkern der Erde! Schwatzet von Ichsucht, die ihr nichts wisst von der Süßigkeit dieses Traumes und Dranges ... Er kannte ihn wohl, den heimlichen Rausch dieser Liebe. Zuweilen brauchte er nur seine Hand zu beobachten, um von einer begeisterten Zärtlichkeit für sich selbst erfüllt zu werden, in deren Dienst er alles, was ihm an Waffen des Talentes und der Kunst gegeben war, zu stellen beschloss...[17]

Erst in der Auseinandersetzung mit dieser primitiven Selbstliebe kann sich die Kreativität entfalten. Die künstlerische und wissenschaftliche Leistung ist immer ein Balanceakt zwischen der ursprünglichen Größenphantasie – »ich kann alles, mir gelingt alles!« – und der erworbenen Selbstkritik, in der kritische und beschämende Stellungnahmen der Umwelt gespeichert sind.

Um den schöpferischen Prozess zu tragen, ist die Balance beider Kräfte notwendig. Wer banale Entwürfe als geniale Leistung ausgibt, macht sich lächerlich; wer jeden Entwurf zerreißt, kommt keinen Schritt weiter. Dem Aufschieber gelingt es nicht, diese Kräfte zu organisieren. Er ist ein Genie der Vorarbeit, weil er in ihr seine Energie ungestört entfalten kann, aber ein Versager in der Schöpfung des endgültigen Werkes.

Seit in der Renaissance die Person des Künstlers in ihrer Entfaltung und Tragik zum Gegenstand öffentlicher Aufmerksamkeit wurde, kennen wir dieses Dilemma. Die Gestalt Leonardo da Vincis etwa hat so viele Autoren nicht zuletzt deshalb gefesselt, weil er beweist, dass ein Aufschieber trotz allem auch ein Genie sein kann.

Leonardo vollendete nur ganz wenige seiner Arbeiten; die Zahl seiner nach allen Bereichen der Kunst und der Wissenschaft greifenden Entwürfe überwiegt bei weitem. Was er nach langen Vorarbeiten und in größten Bedenken dann doch zu Ende brachte, beeindruckte seine Zeitgenossen zutiefst und führte dazu, dass er eine der am meisten bewunderten Figuren der Kunstgeschichte ist. Immer wieder wurde Leonardos unendliches Zögern, seine Leidenschaft für Vorarbeiten und Vorbereitungen, für Modelle und Entwürfe beschrieben. Fast nichts, was er schuf, konnte seiner Kritik standhalten; sein ungeheueres Talent verhalf ihm dazu, im Kampf mit diesem ebenso ungeheueren Anspruch wenigstens einige wenige Werke zu vollenden.

Wer seine kritischen Fähigkeiten weit über sein Talent hinaus entwickelt, taugt nicht mehr zur produktiven Arbeit. Jedes Kunstwerk kann in den ersten Phasen der Produktion noch verbessert werden. Aber immer gibt es einen kritischen Punkt, an dem die Verbesserungen in den Bereich des Grenznutzens geraten. Wer ihn nicht respektiert, wird am Ende sehr viel Energie vergeuden und Gefahr laufen, sein Werk zu zerstören.

Nehmen wir einen Zeichner: er beginnt mit zarten Linien, die er kräftiger macht, wenn er die richtige Kontur gefunden hat. Lässt er sie aber nicht stehen, sondern korrigiert weiter und weiter, dann ist schließlich das Papier durch das viele Radieren unbrauchbar geworden, das Blatt verloren.

Der »Grenznutzen« besagt, dass die ersten Verbesserungen immer auch die wirksamsten sind. Nach einiger Zeit bewirken sehr viel höhere Anstrengungen kaum mehr eine Verbesserung; schließlich kippt der Verbesserungsprozess; weitere Korrekturen verschlechtern das Ergebnis.

Wer einen Text einmal überarbeitet, kann ihn erheblich fördern. Wer es ein zweites Mal tut, kann immer noch viel glätten, anschaulicher machen, treffender formulieren. Wer aber zehnmal über den Text geht, wird ihn beim elften Mal kaum mehr verbessern können; vielleicht ist er inzwischen schon vorwiegend damit beschäftigt, die Korrekturen, die er beim siebten und achten Durchgang einfügte, wieder auszumerzen und durch die Formulierungen des dritten oder vierten Durchgangs zu ersetzen.

Im Rhythmus von Arbeit und Ruhe

Als ich einmal eine der selten gewordenen, noch ganz ursprünglichen Kulturlandschaften der Toskana betrachtete fiel mir die ungleichmäßige Länge der Äcker auf. Sie wirkte harmonisch und schien auf eine mir nicht fassbare Weise geregelt. Ich machte meinen Begleiter, einen alten Bauern, darauf aufmerksam. Er lächelte über meine Beobachtung und verriet mir das Geheimnis: Es war der *fiato di bestia*, der Atem der Zugtiere, nach dem sich die Bauern richteten, wenn sie ein neues Feld rodeten. Was der Zugochse erschnaufen konnte, bis er in der Wende ausruhen durfte, das bestimmte die Länge der Furchen und damit den Zuschnitt der Äcker. Daher waren die Äcker in leichten Böden größer als die in einem schweren Lehmboden, in ebenem Gelände anders als an einem Hang.

In unseren alten Ausdrücken »Morgen« und »Tagwerk« für ein Stück Land hat sich ein Teil dieser Regel erhalten. Was ein tüchtiger Schnitter an einem Tag mähen konnte, war ein Tagwerk; der Morgen somit ein halbes Tagwerk.

Diese Rücksicht auf den *fiato di bestia*, auf den Wechsel von Anspannung und Verschnaufpause, fehlt dem Aufschieber. Er arbeitet in einer so hohen Spannung zwischen Größenphantasie und Kritik, dass er keinen Rhythmus findet, in dem er ein Tagwerk beginnen und vollenden kann. Wenn er jeden Tag ein Stück machen würde, müsste er es am Abend wieder auflösen, wie es Penelope mit ihrem Schleier tat.

Sehr oft sind diese Größenphantasien im Bewusstsein nicht auffindbar. Sie zeigen sich nur in einer immensen, unrealistischen Schärfe der Kritik. »Ich will beileibe nichts Großartiges machen«, sagt der Aufschieber dann. »Wie kommst du auf diesen absurden Gedanken. Ich will nur eine ganz normale Leistung von erträglichem Durchschnitt abliefern, gar nichts besonderes!«

Dann empfiehlt es sich manchmal, in seinen Papierkorb zu sehen. Dort finden sich dann die normalen, die durchschnittlichen Leistungen, die er keinem fremden Urteil zumuten will.

Für den Aufschieber sind die Rastplätze am Ackerrand, wo er bei der Wende zur nächsten Furche ausruhen und zurückschauen kann, mit einem giftigen Nebel erfüllt. Er hat das Gefühl, ersticken zu müssen, wenn er nicht alles auf einmal schafft, das ganze Feld in einem einzigen Atemzug, ohne abzusetzen, Tag und Nacht. In dieser rastlosen Arbeit kann er die Zweifel und Bedenken zum Verstummen bringen, die ihn quälend überfallen, wenn er zwischendurch ausrasten, sich etwas Schönes gönnen, die verdiente Ruhe mit Freude und Entspannung füllen möchte.

Wenn es dem Aufschieber gelingt, die Examensarbeit, an der andere ein Jahr schreiben, in zwei Wochen aufs Papier zu werfen und völlig übernächtigt beim letztmöglichen Termin das ausgedruckte Exemplar abzuliefern, sehen wir einen geschlagenen, geplagten Menschen. Es fällt uns nicht leicht, den narzisstischen Triumph zu erkennen, der mit dieser Aktion verknüpft ist.

Aber manchmal finden wir ihn doch – etwa, wenn der Aufschieber den Kopf über eine andere Arbeit schüttelt. Dafür hat dieser Mensch ein ganzes Jahr gebraucht! Seine eigene Arbeit ist nicht viel besser. Aber das liegt daran, dass er sie in vierzehn Tagen hingehauen hat. Wenn er sich das Jahr Zeit hätte nehmen können, wenn nicht soviel dazwischen gekommen wäre – dann!

Nichts zu Ende bringen können – das Zwischenlager

Die Menschen des Zwischenlagers sind ständig damit beschäftigt, zu suchen, was sie eben nur schnell irgendwohin gelegt haben. Ihren Arbeitstisch zieren Stöße von Vorgängen, die sie alle irgendwann abarbeiten wollen. Sie haben jetzt so wenig Zeit, sie sind unter Druck; irgendwann aber werden sich durch ein Wunder die Pforten des Zeitparadieses öffnen und sie können in Ruhe zu Ende bringen, was jetzt halbgar im Zwischenlager gammelt. Nur schade, dass die Tür zum Zeitparadies so schwer zu finden ist. So ist das Zwischenlager bald überfüllt. Was tun? Ein Zwischenlager *vor* dem Zwischenlager anlegen!

Wenn es gar nicht mehr anders geht und sie endlich etwas erledigen wollen, fangen sie an umzuschichten. Schließlich müssen sie das Wichtigste – oder doch eher das Angenehmere? – herausfiltern, anderes kann ja noch warten. Sie wiegen die Blätter bedächtig in der Hand, lesen ein Stück, entscheiden sich dann doch lieber etwas anderes, noch Wichtigeres zu machen.

Die Sehnsucht nach dem paradiesischen »endlich mal genug Zeit haben« wächst bei den Menschen des Zwischenlagers proportional zu ihrem Gefühl, immer sei die Zeit zu knapp, ja sie werde immer knapper. Das liegt daran, dass sie soviel Zeit in ihren Zwischenlagern verbringen.

Diese wachsen wie Schimmelpilze an den Grenzen von Arbeit und Freizeit. Sie gedeihen dort, wo etwas erledigt werden müsste, aber warten kann, wo etwas Spaß machen könnte, aber augenblicklich noch nicht dran ist. Der Vater einer Freundin arbeitete sich in dem Jahr, in dem er starb, durch eine »Süddeutsche« von vor mehr als einem Jahr. Er war nach einem Krankenhausaufenthalt nicht mehr nachgekommen und brauchte immer mindestens einen ganzen freien Tag, um die Zeitung gründlich genug zu lesen, aber er wollte auch keine Ausgabe versäumen.

Von solchen Beispielen abgeschreckt, legen andere Menschen des Zwischenlagers Mappen mit Zeitungsausschnitten an. In sie kommt, was man einmal gründlich lesen *müsste*, aber angesichts der neuen Ausgabe nicht *gleich* lesen kann. So wandert die ausgeweidete Zeitung oder Zeitschrift ins Altpapier, der ausgeschnittene Teil kommt zu seinesgleichen. Das ist ein interessantes Thema, ein wichtiger Autor. Weil ich so müde war, bin ich diesmal nicht über drei Sätze hinausgekommen, aber im Urlaub, in der Rente finde ich genug Zeit.

Ein weiteres Zwischenlager ist der Zettel, auf dem steht, dass etwas getan werden muss. Diese Zettel nach Wichtigkeit zu ordnen, die Eintragungen zu entziffern, Teile auf einen neuen, aktuellen Zettel zu kopieren und zu entscheiden, ob der Zettel schon weggeworfen werden darf oder noch nicht, all das kostet Zeit, in der sich manche der aufgeschriebenen Aufgaben hätten erledigen lassen. Ehe der Mensch des Zwischenlagers sich an eine Arbeit macht, sitzt er über diesen Listen, aktualisiert die Eintragungen und ist davon oft so erschöpft – es sind ja wahre Berge von Unerledigtem – dass er zum Ausschnaufen in den Garten geht. Dort fallen ihm gleich zwei neue Arbeiten auf, die unbedingt auf seine Liste müssen.

Nach einem Sprichwort, das ich zuerst in Italien gehört habe, muss man in den Beinen haben, was man nicht im Kopf hat. *Chi non ha testa, abbia gambe.* Wer die Dinge zwischenlagert und den Überblick verliert, muss eben viel suchen, viel herumlaufen, um aus den diversen Zwischenlagern herauszuholen, was er braucht.

Menschen des Zwischenlagers leben in einem Teufelskreis, der es ihnen schwer macht, sich aus dem von ihnen inszenierten Chaos-Korsett zu befreien. Sie leben unter Zeitdruck, müssen deshalb ständig neue Zwischenlager anlegen und werden von diesen wiederum unter Zeitdruck gesetzt.

Den professionellen Handwerker erkennt man daran, dass er jedes Werkzeug nach Gebrauch wieder an seinen Platz legt. Der Mensch des Zwischenlagers will schnell fertig werden. Er scheut den Zeitaufwand, ein Werkzeug nicht einfach niederzulegen, wenn man das nächste braucht, sondern es an seinen Platz zu räumen. *Freiwillig* gibt er kein Bröslein seiner Zeit für so Unwichtiges! Die Zeit freilich, um den Schraubenschlüssel oder den Zollstock *wieder zu finden*, die er so fix weggelegt hat – wohin bloß – die *muss* er sich nehmen.

Das Zwischenlager öffnet ein Fenster auf einen wichtigen Punkt der menschlichen Evolution: den Schritt vom zufällig aufgehobenen zum planmäßig verwendeten Werkzeug. Kinder legen keine Zwischenlager an. Sie gleichen dem Menschen des Zwischenlagers nur insofern, als auch sie gerne Dinge liegen lassen, sobald sie diese nicht mehr benötigen.

Schimpansen benützen Knüppel, um einen Jaguar zu vertreiben, Darwinfinken stochern mit Kaktusstacheln nach Insekten, Seeotter knacken Muscheln mit Steinen und Krähen lassen Nüsse auf das Straßenpflaster fallen. Genauso gehen Kinder mit ihren Werkzeugen oder Kleidern um: sie nutzen sie, aber sie pflegen und ordnen sie nicht. Aus den Augen, aus dem Sinn. Kein gesundes Kind blickt besorgt auf das Chaos in seinem Kinderzimmer und denkt, dass es das schon irgendwann aufräumen wird, wenn es erst die Zeit dafür hat.

Daher wäre es auch verfehlt zu sagen, dass der Mensch des Zwischenlagers unordentlich ist, ein Schlamper. Das ist er keineswegs; er ist oft sogar zwanghaft ordentlich und parkt eben deswegen so viele Dinge in Zwischenlagern, weil er sie nicht wirklich aufräumen kann – sei es in seinem Gedächtnis (bei den Zeitungsausschnitten und Zetteln), sei es in seinen Ordnern und Schränken.

Das Zwischenlager ist sozusagen der Schatten einer Vorstellung von Ordnung, die so gründlich, erhaben und perfekt anmutet, dass sie nicht alltagstauglich ist. Der Mensch des Zwischenlagers kommt sein Leben lang nicht dazu, sie umzusetzen. Dann finden die Erben auf dem Dachboden

Kisten mit nicht ausgepackten Kunstgegenständen, die über den Tod des Sammlers hinaus darauf warten mussten, »richtig« geordnet zu werden.

Um sich vom Zwischenlager zu befreien, muss man also – so paradox es klingt – liebgewordene Phantasien von Ordnung und Gründlichkeit aufgeben. Ordnung ist nichts Großes, Erhabenes, sondern ein Stück Realitätsprinzip. Der Mensch des Zwischenlagers muss akzeptieren, dass er in Zukunft nicht mehr Zeit haben wird als in der Gegenwart und sich niemand für alle Eventualitäten rüsten kann, ohne den Überblick zu verlieren.

Eine Frau, welche die Wohnung ihrer verstorbenen Tante entrümpeln soll, entdeckt hunderte sauber gespülte Deckelgläser, bewahrt für vergangene Notzeiten. Nach dem Krieg waren solche Gläser eine Kostbarkeit, denn man konnte mit ihrer Hilfe Gemüse und Obst konservieren.

Wer jedes Marmeladenglas spült und aufbewahrt, rüstet sich für solche Notzeiten und freut sich insgeheim auf den Triumph, wenn alle zu ihm kommen und seine Gläser brauchen, die nicht so gut vorgesorgt haben. Es ist der Sieg der Ameise über die Grille.

Wir gehen nicht fehl, wenn wir in der Unfähigkeit, etwas aufzugeben, dem auch nur die minimalste Andeutung künftigen Gebrauchs anhaftet, den Ausdruck jener milden Angst erkennen, welche die Hausfrau vor dem Fest dazu führt, von allem soviel einzukaufen, dass alle Gäste satt werden – also genug Käse, um alle vom Käse allein zu sättigen, genug Wurst, Brot, Obst, Vorspeise, Hauptgericht, Bier, Wein … so dass die Familie nach dem Fest wochenlang gegen den Verfall der Reste anessen muss.

Der Messie, der in seiner vermüllten Wohnung kaum

mehr Platz hat und keine Gäste mehr empfangen will, kann sich von gar nichts mehr trennen, weil kein deprimierter Mensch zwei Tonnen Altpapier entsorgen kann.

3. Dranbleiben in der Liebe

Das Kränkungsdepot – emotionale Zwischenlager

Es gibt auch emotionale Zwischenlager: Die betreffenden Personen können sich nicht entscheiden, ob sie eine Kränkung zum Thema machen oder sie ignorieren wollen. Sie sammeln diese Kränkungen in einem Zwischenlager, das sie bei passender Gelegenheit öffnen. Auf diese Weise kann eine kleine Beleidigung, die zufällig nicht mehr in dieses Zwischenlager gepasst hat, zu einem großen Drama und zu massiven Entwertungsgefühlen führen. In der folgenden Skizze verbinden sich ein materielles und ein emotionales Zwischenlager zu einem Ehekonflikt.

Carla, eine Anwältin, hat lange Jahre mit ihrem Mann Joseph eine Wochenendehe geführt. Joseph ist Universitätslehrer und hatte einen Ruf in eine andere Stadt erhalten, wo er eine kleine Wohnung bezog. Er hat sich auf jede freie Stelle zurück beworben, bisher aber nichts bekommen. Carla hingegen begrüßte es, dass sie Joseph nur die zwei Tage sah. Seit ihre gemeinsame Tochter in die Schule ging und Carla wieder in den Beruf zurückgekehrt war, störte es sie schon an den Wochenenden, wie Joseph die gemeinsame Wohnung mit seinen Zwischenlagern überzog.

Carla ärgerte sich, wenn er etwas herumliegen ließ, Verlegtes nicht fand und nach ihr schrie, ob sie nicht beim Suchen helfen könne. Solange das Kind klein war und sie viel Zeit zum Aufräumen hatte, waren Josephs Zwischenlager zu ertragen. Jetzt steckt sie im Beruf, ihr Haushalt ist organisiert, ihre Küche aufgeräumt, alle Rechnungen und Quittungen im Ordner. Nachdem Carla herausgefunden hat, dass Joseph jedes Jahr dem Finanzamt durch seine Schlamperei Geld schenkt, hat sie die Buchführung für die Familie übernommen.

Carla ordnete am Montag aufatmend das von Joseph verursachte Chaos und lebte die Woche über so, wie es ihr gefiel, in ihrem Rhythmus, mit ihren Vorstellungen von einer aufgeräumten Wohnung, in der sie sich entspannen kann. Jetzt hat Joseph die Stelle bekommen, die ihn zu ihr zurückführt. Carla verzagt, wenn sie daran denkt, dass sie sich jedes Mal mit ihm streiten soll, wenn er wieder eines seiner Zwischenlager anlegt, das Bad im Chaos hinterlässt, schmutziges Geschirr irgendwohin stellt, Schuhe unter dem Sofa deponiert und nicht mehr findet. Warum hat er ihr das angetan, mit dieser unseligen Bewerbung wieder in ihren Haushalt zurückzukehren?

Früher gab es jedes halbe Jahr eine Szene, weil Carla Joseph als Pascha beschimpfte, der eine Sklavin brauche, die ihm hinterher räume. Carla will solche Szenen nicht. Aber sie will auch das gemütliche Gefühl nicht opfern, dass die Wohnung so ist, wie sie es braucht.

Joseph versteht nicht, was Carla hat. Freut sie sich denn gar nicht, dass er wieder täglich da ist? Kann sie nicht etwas weniger pingelig sein? Sie ist ein Putzteufel geworden, seit sie allein lebt, aber sie wird sich schon wieder an ihn gewöhnen, sie weiß ja, dass er ein emanzipierter Mann ist, der selbst kocht und staubsaugt und mit seiner eigenen Wohnung immer gut klargekommen ist – natürlich war sie nie so perfekt, wie Carla das macht, aber das sind doch Kleinigkeiten.

Bisher haben beide versucht, zu verleugnen, dass dieser Konflikt ernst zu nehmen ist. Carla scheint insgeheim ihren Mann doch für den zu halten, der sie verstehen muss. Damit ihre Wertvorstellungen sicher bleiben, müsste Joseph die Welt so sehen wie sie. Joseph kommt diese Unsicherheit zupass. Irgendwann wird Carla ihren Rappel, ihre Zwanghaftigkeit aufgeben und die Welt wieder so entspannt sehen wie er.

Carla und Joseph werden ihren Konflikt erst lösen, wenn Carla akzeptiert, dass Joseph anders als sie ist und gleichzeitig soviel Selbstsicherheit aufbauen kann, dass sie sich nicht mehr verpflichtet fühlt, ihn und seine Spuren an Orten zu dulden, die ihr gehören, die ihr Bereich sind. Joseph kann im Gegenzug akzeptieren, dass Carla seine Spuren in ihrem Bereich weder dulden noch diese – wenn sie sie stören – selbst beseitigen muss.

In der Normalwohnung mit Küche, Wohn- und Schlafzimmer ist das schwieriger als in einer Wohnung mit zwei getrennten Bereichen. Carla und Joseph sollten zusehen, Reviere zu schaffen und Reviergrenzen zu bewachen.

Die Konflikte zwischen Carla und Joseph zeigen, wie die Sehnsucht nach einer schnellen Lösung (»ich möchte doch ganz einfach nur so geliebt werden wie ich bin!«) zum Problem wird. Es sind diese schnellen Affekte des Menschen, seine Angst, abgelehnt zu werden, eine Durststrecke narzisstischen Mangels bewältigen zu müssen, die ihm das Dranbleiben erschweren. In dem folgenden Märchen geht es erst einmal um die Beziehung zu Dingen, hinter denen sich aber, wie kaum anders zu erwarten, eine Störung der Beziehung zu Menschen verbirgt.

Hans im Glück – die Flucht in die Abhängigkeit

Kindern erzählen wir das Märchen von Hans im Glück. Sie lachen über diesen Hans, der von Stufe zu Stufe das Wertvollere aufgibt, weil er sich mit seinen Mängeln und Nachteilen nicht abfinden kann. Aber diese Geschichte enthält auch ein Wissen um einen psychologischen Mechanismus, der das Dranbleiben gefährdet: den Prozess der Spaltung. Wir kennen ihn seit der Geschichte vom biblischen Paradies. Hat da nicht auch die Schlange versprochen, die Menschen könnten vom verbotenen Baum essen und etwas hinzugewinnen, ohne etwas zu verlieren?

Modernisieren wir die Geschichte über Hans im Glück in eine Reportage:

Der Handwerksgeselle Hans, 28, wurde verhaftet, weil er seine Mutter niedergeschlagen und erheblich verletzt hatte. Die Polizei brachte den verwirrten Mann, der seine Eltern beschuldigte, sie hätten ihm einen wertvollen Goldklumpen weggenommen, in eine psychiatrische Klinik, wo eine akute Schizophrenie diagnostiziert wurde.

Nachforschungen der örtlichen Polizeidienststellen ergaben, dass Hans tatsächlich von seinem Meister in F. einen Klumpen gediegenen Goldes für zehn Jahre Arbeit erhalten hatte. Der Meister versicherte glaubhaft, er habe den jungen Mann ziehen lassen. Es scheint, dass dieser den Goldklumpen weit unter Wert gegen ein Pferd tauschte, das ein Bauer zum Markt führte. »Ich konnte es kaum glauben, aber er hat mir das Gold fast aufgedrängt«, sagte der Bauer. »Es war ein gutes Pferd, aber er konnte nicht reiten.« Als das Pferd ihn abwarf, tauschte Hans es gegen eine Kuh ein. Ein Schweinehirt berichtete, er habe Hans eine Sau für die Kuh gegeben, weil dieser so unglücklich war, dass die Kuh so langsam ging und immer das Gras am Straßenrand fressen wollte. Freilich sei die Kuh mehr wert gewesen als das Schwein, aber im Handel achte doch jeder auf seinen Vorteil, und wenn die Dummen nicht alle würden, was kümmere es ihn? Eine Truppe von Zigeunern, die ihren Lebensunterhalt mit Scherenschleiferei verdienten, wurde bei einem Fest überrascht, wo sie ein Schwein verzehrten, das sie sich normalerweise nicht leisten können. »Ein junger Mann hat uns das Schwein für einen Schleifstein gegeben«, sagten sie. »Er wollte Scherenschleifer werden, unser Gewerbe gefiel ihm, er wusste wohl nicht, wie wenig man damit verdienen kann.«

Was mit dem Schleifstein geschah, ließ sich zunächst nicht herausfinden. Die Detektive vermuteten zunächst, der Kranke habe ihn irgendwo am Weg liegen lassen. Schließlich fand sich eine Gänsehirtin, die beobachtet hatte, wie Hans den schweren Stein auf ein Brückengeländer legte, um sich ein wenig auszuruhen. Dabei stieß er ihn aus Versehen in den Fluss. Er soll danach in einem Zustand läppischer Heiterkeit zu seiner Mutter gekommen sein. Auf ihre Fragen, wo er den zugesagten Lohn seines Meisters gelassen habe, reagierte er verstört, geriet in eine immer gereiztere Stimmung und verfiel schließlich in einen wahnhaften Zustand, in dem er auf sie einschlug.

Die Brüder Grimm haben Hans im Glück als Spottmärchen aufgezeichnet. Es fasst ein Stück menschliche Torheit in eine Geschichte, die scheinbar gut und glücklich ausgeht. Aber beim Zuhörer stellen sich Zweifel ein. Sie bestimmen einen ganz anderen Sinn der Geschichte. Er erschließt sich vor allem dann, wenn wir die relativ simple »Dummheit« der Märchenfigur, die Wertvolles gegen Wertloses tauscht, als Symbol für ein Verhalten sehen, das auf den ersten Blick vielleicht sogar besonders entschlossen, ja kühn anmutet.

Es gibt Menschen, die nicht bei denen bleiben können, die sie enttäuscht haben – und sei es auch nur ein einziges Mal, sei es in einer Kleinigkeit. Die Beziehung verliert für sie dann jeden Wert, sie verlieren das Interesse und ziehen sich zurück. Diesem Prozess können wir ein Dranbleiben an Menschen entgegensetzen, indem gute Eigenschaften auch nach einer Begegnung mit Widrigkeiten erhalten bleiben oder neu gefunden werden.

Der moderne Hans im Glück ist ein einsamer Mann, den ständige Selbstzweifel quälen, ob die Frau, die er nach langer Suche gefunden hat und mit der er jetzt zusammen zum ersten Mal in Urlaub fährt, auch die Richtige ist. Auf dem Flughafen sieht er in der Schlange neben sich eine andere Frau, die ihm viel besser gefällt – sie ist jünger, hat eine tolle Figur, sie lacht so unbeschwert, die würde nie auf eine Bekanntschaftsanzeige schreiben wie seine Freundin (und er selbst).

Er verliert den Kontakt zu seiner Freundin, kann sie nicht mehr berühren, will nicht mit ihr schlafen, fühlt sich als Versager und kann den Urlaub nicht genießen. Nach einer Woche gibt ihm seine Freundin den Laufpass. Ihr letzter Rat ist, er solle wegen seiner Probleme Hilfe suchen.

Für die Psychologie ist der Spaltungsbegriff von der Freud-Schülerin Melanie Klein erschlossen worden, der wir viele Einsichten in die Idealisierungs- und Entwertungsprozesse seelisch gestörter Menschen verdanken. Melanie Klein nahm zu Beginn ihrer Forschungen an, dass sich die Spaltung in der normalen seelischen Entwicklung in eine stabile »depressive Position« verwandelt. Die depressive Position mäßigt Idealisierungen und kann Ambivalenzen (Mischungen widersprüchlicher Gefühle, etwa

Liebe/Hass) tolerieren. Sie verhilft uns dazu, die guten Eigenschaften eines Partners nicht vollständig zu verlieren, wenn er etwas tut, was sein Bild trübt.

Das Gegenteil dieser reifen Haltung nennt Klein die »paranoide« oder »spaltende« Position. Während einer Phase der Idealisierung spalten Verliebte alle Einwände gegen die oder den Geliebten ab. Manchmal werden diese negativen Anteile in die Umwelt projiziert: Meine Freundin ist der reine Engel, sie hat aber eine böse Schwester, die ihr manchmal etwas einredet, was gar nicht zu ihr passt. In der Liebesenttäuschung überschwemmt die Hass-Seite der Ambivalenz die Spaltenden: Meine Freundin hat mich getäuscht, sie ist derselbe Teufel wie ihre Schwester.

Melanie Klein glaubte zunächst, dass sich seelisch gesunde Menschen stabil von den primitiven Mechanismen der Spaltung zu den reiferen Positionen entwickeln. Sie ging davon aus, dass wir schon als Kinder definitiv den Wunsch überwinden können, über dem Hass auf ein treuloses oder anderweitig enttäuschendes Etwas die Zuneigung oder schlicht den Nutzen zu vergessen, den wir aus dem Kontakt gewonnen haben und künftig gewinnen werden.

Nach langer therapeutischer Praxis mit Kindern und Erwachsenen kam Melanie Klein zu einer anderen Einschätzung. *Beide Haltungen, die dranbleibende (depressive) und die abbrechende (paranoide) begleiten den Menschen sein Leben lang.* Unreife Einstellungen werden überformt, nicht abgelegt. Erwachsen zu werden ist ein Prozess, der mit unserem Tod endet.

Es ist ähnlich wie mit dem Faschismus in der Politik oder dem Fundamentalismus in der Religion. Wir können nie sicher sein, dass nicht auch in scheinbar stabilen und gerecht geregelten Verhältnissen Mechanismen überleben, die von einem Demagogen in einer Zeit der Unruhe so rasch und unaufhaltsam geweckt werden können, dass ein Land nach wenigen Jahren nicht wieder zu erkennen ist.

Fanatismus entsteht, wenn die seelischen Vorgänge, welche das Selbstgefühl regeln, Ambivalenzen nicht tolerieren können, sondern sie spalten müssen. Nur wer über eine entwickelte Regelung des Selbstgefühls verfügt, kann die Schattenseiten der Personen verarbeiten, von denen er sich Liebe wünscht, kann akzeptieren, dass Menschen mit anderen Werten als er selbst nicht wertlos sind und nicht alle zur Hölle fahren sollen, die seine Überzeugungen nicht teilen.

Besonders traumatisierte Menschen, die sich sehnlich Sicherheit und Wiedergutmachung wünschen, tun sich schwer mit der Tatsache, dass menschliche Liebe nicht »rein« ist.[18] Die wir lieben und von denen wir geliebt sein wollen, sind kaum je ganz uneigennützig, durch und durch liebevoll. Das muss nicht verwundern, denn wir sind es auch nicht.

Realistische Liebende rechnen von Anfang an mit dieser Möglichkeit, stellen sich auf sie ein und kompensieren Enttäuschungen mit der Einsicht in eigene Schwächen. Traumatisierte, in ihrem Selbstgefühl verletzte Liebende können die Schwächen des Partners nicht ertragen, von dem sie sich Ausgleich ihrer Verwundungen erhoffen. Sie können auch keine eigenen Schwächen realistisch einschätzen, sie sind entweder perfekt, haben keinen Fehler gemacht, während der Partner total versagte; oder sie sind selbst totale Versager, die es verdienen, missachtet zu werden.[19] Insofern gleichen sie politischen Fanatikern und Rassisten: Sie können an das Gute nur glauben, wenn sie etwas Böses bekämpfen; sie brauchen eine Gruppe, der Macht und Ansehen zusteht, und ein Feindbild, das diese Gruppe bedroht.

Hans im Glück geht mit den Dingen paranoid um: er idealisiert sie im ersten Eindruck, er verteufelt sie und will sich von ihnen trennen, wenn er die erste Enttäuschung an ihnen erlebt. Was schlechter ist, hält er für besser, so lange er die Nachteile des Neuen ausblenden und dieses bewundern kann. Am Ende schleppt Hans wieder einen schweren Klumpen – diesmal ist es ein Schleifstein, für den er nichts mehr eintauschen, den er nur noch loswerden kann.

Im Märchen ist Hans deshalb glücklich, weil er jetzt ganz unbeschwert heim zur Mutter springen kann. In der Realität ist das ein Glück der Kindheit; für den Erwachsenen kann die Mutter nicht mehr die Quelle allen Glücks sein. Wenn ein Erwachsener diesen Entwicklungsschritt nicht vollziehen kann, droht ihm eine psychotische Regression.

Die »normale« Quelle des idealisierten Glücks für den Erwachsenen ist ein geliebter Mensch, ein Freund, ein Partner. Dass auch an ihm die beschriebene Szene ablaufen kann, zeigt die von zahlreichen Autoren aufgegriffene Legende über einen anderen Hans: Don Giovanni. Er ist sozusagen der Anti-Typus des Dranbleibens und deshalb für eine Analyse nützlich.

Der steinerne Gast – die Absurdität des Erfolgs

Don Juan de Tenorio, auf den sich die vielen Gestalten dieser Figur zurückführen lassen, soll der Oberkellermeister des spanischen Königs Pedro »des Grausamen« gewesen sein. Die frühen Legenden konzentrieren sich weder auf den Totschläger (Mord im Duell war Alltag), noch auf den Frauenhelden (das gehörte zur Rolle des Feudalherrn), sondern auf den Lästerer, der die Ruhe der Toten missachtet und die Marmorstatue eines seiner Opfer einlädt.

Damals, im ausgehenden Mittelalter, war die Welt noch voller wundergläubiger Geschichten von Statuen, die sich beleben, Heiligenbildern, die von ihrem Sockel steigen, Madonnenfiguren, die Spielleuten ihren goldenen Pantoffel schenken. Je mehr wir uns der Neuzeit nähern, desto stärker wird im Don Juan-Stoff die Ruhelosigkeit im sexuellen Begehren und das Rätsel des Schwankens zwischen Idealisierung und Entwertung.

Jede neue Frau ist wunderbar, jede bereits eroberte lästig. In der am besten bekannten Fassung des Stoffs, der Oper von Mozart und Da Ponte, ist Don Juan kein sinnlicher Mensch mehr, der es sich im Genuss bequem macht, sondern eine faustische Gestalt.[20] An der Wende zur bürgerlichen Gesellschaft steht der steinerne Gast, der den Helden in sein Grab zieht, für eine menschliche Erstarrung. Ein Wüstling beschäftigt keinen Buchhalter, der seine Eroberungen aufzeichnet. Don Giovanni verbindet die Nutzlosigkeit des Wüstlings mit dem Leistungsehrgeiz des bürgerlichen, auf Selbstverwirklichung zielenden Individuums.

Wer ist wessen Werkzeug? Leporello muss tun, was Don Giovanni sagt, er muss sich schikanieren lassen. Aber Don Giovanni ist ein Sklave, ein Diener des Registers, das Leporello verwaltet. Wenn die Sehnsucht zur Sucht wird, die eigene innere Leere durch die Verschmelzung mit der idealisierten Frau zu füllen, kann ein Don Juan nur *unterwegs* entspannt und voller Hoffnung sein. Solange er erobert und noch nicht besitzt, solange er sucht und noch nicht gefunden hat, kann er glauben, dass er die fehlende Sicherheit erhalten wird.

Wer aber in der Realität ankommt, wer einen geliebten Menschen wirklich nahe an sich lässt und mit ihm das Leben teilt, der erkennt auch, dass sich seine Sehnsucht nach

Vollkommenheit nicht erfüllt hat. Ob er dann empfinden kann, dass liebevoller Umgang mit der Schwäche eines Partners dafür entschädigt, weil er selbst mit eben derselben Haltung rechnen und sich in ihr Geborgenheit verschaffen kann?

Hans im Glück und Don Giovanni stehen für die Faszination des Ungeschehenmachens, der Trennung angesichts des ersten Makels. Ihre triviale Weiterentwicklung ist der Modemacher Karl Lagerfeld, der Unterwäsche nur einmal trägt und dann wegwirft. Sie treiben auf die Spitze, was sich im Zwischenlager andeutet: Es muss eine schnelle Lösung geben! Die Spaltung erlaubt es, immer in idealisierten Anfängen zu verweilen. Dem eigenen Ich gehört der makellose Sieg.

Ein wenig über die Hintergründe des Don Juan verrät die Analyse eines damals 30-jährigen, vielfältig begabten Mannes, der neben seinem frühen Erfolg als Künstler ein Doppelstudium absolviert hatte. Er pflegte in den Nächten, in denen er nicht schlafen konnte, in einer Art Zählzwang die Frauen aufzulisten, mit denen er bereits geschlafen hatte. Zur Zeit seiner Psychoanalyse waren es 64.

Ich ertappte mich einmal dabei, wie ich hinter der Couch *meine* Zahl zu rekonstruieren versuchte, wie ich mich dann schämte und mich wieder auf das konzentrierte, was er sagte. Er übertraf mich, obwohl er jünger war als ich. Was hielt mich davon ab, den Vergleich zu Ende zu denken? Meine Eroberungen zu zählen wurde mir unbehaglich, ich *wollte* es nicht so genau wissen, es schien mir liebes- und lustfeindlich, derart mit meinen erotischen Erfahrungen umzugehen. Ich entschied mich dafür, der Zahl den Zugriff zu verweigern, mir die erotische Begegnung als etwas vorzustellen, das sich auf diesem Weg nicht erfassen lässt.

Mir fielen die Pueblo-Indianer in New Mexiko ein. Sie pflegen fotografierende Touristen mit Steinwürfen zu verscheuchen. Sie wehren sich dagegen, in ein Leporello-Album zu kommen. Es erschien mir weise, wenn sie nicht zulassen, dass die Unmittelbarkeit ihrer Riten, ihrer heiligen Orte, ihrer Feuerstellen und Tanzplätze fixiert und konserviert werden. Auch die Fotografie macht aus einem lebendigen Prozess, der sich jeden Tag erneuert, ein Register, in dem nur das zählt, wovon noch kein Duplikat abgeheftet wurde.

Noch in einem anderen Punkt glich mein Klient – ich nenne ihn hier Hans – dem Don Giovanni: er konnte mit den Frauen, die er so sehr begehrte, im Grunde sehr wenig anfangen. Er glich in seiner Unersättlichkeit einem der Versuchstiere des russischen Physiologen Pawlow. Dieser hatte, um die nervösen Reaktionen bei der Nahrungsaufnahme zu untersuchen, Hunden eine Speiseröhrenfistel gelegt. So viele Futterbrocken sie nun auch gierig erschnappten und verschlangen – nichts davon kam in ihrem Magen an. So blieben sie immer hungrig. (Das Experiment ergab, dass diese Tiere binnen weniger Stunden ein Magengeschwür entwickelten.)

Hans wusste eigentlich nicht, was er mit Frauen machen sollte, die er erobert hatte. Solange er damit beschäftigt war, sie zu gewinnen, war er hoch engagiert, um keinen Einfall verlegen, er sprühte vor Witz und seine Augen leuchteten. Aber seine Unruhe hörte nicht auf, wenn sie an seiner Seite schliefen. Ihn plagte weiter das Streben, einen guten Eindruck zu machen. Man konnte beobachten, wie er gegen die Angst kämpfte, der Frau nicht zu genügen und sich die drohende Entwertung allmählich in seinem Erleben drehte. Nicht die Frau würde das Interesse an ihm verlieren, sobald ihm die Einfälle ausgingen und das Feuerwerk abgebrannt war – nein, er hatte das Interesse an ihr verloren, sie war nicht gut genug für ihn, er brauchte seine Freiheit.

An einem Montag erzählte Hans von einem Wochenende mit der Geliebten, auf das er sich am Freitag, als noch unklar war, ob sie ihn überhaupt wollte, so gefreut hatte. Zwei volle Tage habe er mit ihr in einer engen, spießigen Wohnung verbringen müssen, er habe keinen Augenblick Ruhe gehabt, habe sich ständig etwas Neues einfallen lassen müssen, was sie zusammen machen könnten – »nie konnte ich mich hinsetzen und endlich einmal in Ruhe die Zeitung lesen, das habe ich mir die ganze Zeit am meisten gewünscht. Ich habe ihr dann gesagt, dass sie doch nicht die Richtige ist. Sie hat geweint und wollte wissen, warum ich auf einmal so kalt bin. Ich verstehe das ja selber nicht, ich habe gesagt, es sind eben meine Gefühle, die lassen sich nicht kommandieren.«

Hans erlebte seine Suche nach der »richtigen« Frau als Puzzle-Spiel, das scheitern musste, weil er die Teile nie zusammenbringen konnte. An jeder neuen Geliebten fesselte ihn etwas, was die alte nicht hatte. So ist es nicht nur der Reiz des Neuen, der ihn antreibt, sondern die Suche nach dem Ideal des Weiblichen, nach der perfekten Frau, nach der Geliebten, die sein brüchiges Selbstgefühl als Mann ein für alle Mal festigt.

Ich will die Geschichte der Analyse von Hans hier noch etwas weiter erzählen, weil sie auch zeigen kann, wodurch solche Störungen ausgelöst werden und auf welchem Weg sie zurücktreten und die Fähigkeit wächst, an einem Partner dranzubleiben und sich zusammen mit ihm zu entwickeln.

Hans wuchs allein mit seiner Mutter auf. Sein Vater war bei einem Flugzeugabsturz umgekommen. Die Mutter idealisierte ihn sehr. Sie erzählte immer nur das Beste vom Vater und ließ sich auf keine Männerbeziehung mehr ein. Der Vater war schlechthin vollkommen gewesen, erfolgreich, sportlich, liebevoll, es gab keinen Mann wie ihn. Hans strengte sich an, dieses Vorbild zu erreichen. So wurde es für ihn sehr schwierig, eigene Schwächen zu erkennen. Männlichkeit war in seiner kindlichen Welt keine Realität, sondern ein Phantasma, ein Bild der Mutter und der Großmutter.

Sobald Hans sich aus der unmittelbaren Abhängigkeit von seiner Mutter gelöst hatte und anfing, eigene Erfahrungen mit Frauen zu suchen, setzte auch sein Streben ein, seine unsichere Männlichkeit durch ihren phallischen Beweis zu festigen. Er suchte in den Frauen die eigene, männliche Ganzheit – es wundert wenig, dass er die Richtige unter ihnen nicht fand. Sein Bild des Mannes war abstrakt, körperlos, idealisiert, wie die Vorstellungen von den Frauen, die er eroberte und wieder verließ.

Keine gab ihm das, was ihm ein liebevoller Vater geben hätte können: den Abstand zu einem Phantasma männlicher Grandiosität. Wer stark genug ist, kann sich auch seine Schwächen gestehen. Und ohne einen Ort für Schwächen wird der Alltag in einer modernen Liebesbeziehung unerträglich, da in ihr die Partner einander regulieren und es keine tradierte Rolle mehr für sie tut.

Man könnte sagen, dass Hans ein sehr einsamer Mann war, der versuchte, auch seine Frauenbeziehungen *alleine* zu gestalten, ohne den Dialog über seine Ängste und Unsicherheiten. Er eroberte, er blieb im Sieg isoliert, er konnte die Bindung der Partnerinnen an ihn nicht ertragen, er konnte die Angebote nicht wahrnehmen, die Beziehung doch zu zweit zu gestalten und zu entwickeln. So musste er alsbald wieder gehen.

Wer an diese Phantasie von Allmacht und einsamer Kontrolle gebunden ist, muss die Ohnmacht fürchten, wenn er nicht auf der Hut ist und sich die eigene Unabhängigkeit in steter Fluchtbereitschaft beweist. Zudem erlebt ein Kind, das von einem Elternteil allein erzogen wird, die Gefahren der Abhängigkeit intensiver als ein Kind, das mehrere vertraute Bezugspersonen hat. Wer nur eine einzige Beziehung hat, der muss Wut und Hass, die aus den unvermeidlichen Enttäuschungen der kindlichen Erwartungen entstehen, intensiv kontrollieren. Er hat kein Reservesystem, kein Netz, das ihn auffängt, wenn er einmal aus dem Gleichgewicht gerät.

Nachdem wir viel über diese Situationen gesprochen hatten und Hans seine negativen Gefühle mir gegenüber freier ausdrücken konnte – wie enttäuscht war er auch, dass der zu Beginn idealisierte Analytiker so banale Fragen stellte und so banale Deutungen gab – versuchte er zum ersten Mal, eine Beziehung nicht mehr allein zu machen, sondern sie zusammen mit seiner jüngsten Eroberung Anna zu gestalten.

»Am Anfang der Analyse habe ich gedacht, Sie spinnen völlig, als Sie sagten, ich hätte Angst vor Frauen. Aber jetzt merke ich es oft sehr deutlich, wie ich weglaufen will, wie ich fürchte, dass mir die Kontrolle wegrutscht. Dann rede ich mit Anna. Ich hätte nie geglaubt, dass das geht, dass eine Frau das aushält und ich nachher wirklich entspannter bin. Jetzt verstehen wir uns oft am besten, wenn wir gar nichts Besonderes miteinander machen.«

Hans hatte hektisch nach Erfolg bei Frauen gesucht: jede sexuelle Eroberung war ein Plus. In dieser Hektik war etwas entstanden, das sich als Gegenteil des Dranbleibens fassen lässt. Hans genoss die Nähe zu seinen Partnerinnen nicht, sondern erlebte sie eher als Erfolgshindernis. Umgekehrt nahmen sich die Erfolge alle gleich öde aus und ließen keine Entwicklung erkennen.

Die wachsende Fähigkeit von Hans, nicht nur die Eroberung, sondern auch das Zusammenleben zu genießen, lässt sich durchaus als eine Erfolgsgeschichte erzählen. An die Stelle des plakativen, äußeren Erfolges, der sich Leporellos Register nähert, tritt ein innerer Erfolg. Wie verträgt sich das nun mit der Abkehr von der Erfolgsorientierung? Ich fürchte, wir müssen uns damit zufrieden geben, dass in der besprochenen Situation hinlänglich klar ist, was mit »Erfolg« und was mit einer »Haltung des Dranbleibens« gemeint ist.

Verwandte Paradoxien ergeben sich auch an anderen Stellen der psychologischen Begriffsbildung. Wenn wir das Schwarzweißdenken der Spaltung kritisieren, schaffen wir auch die Möglichkeit, schwarze Spaltung und weiße Nicht-Spaltung gegeneinander abzuheben. Ein Liebespaar beschließt, alle Leistungsvorstellungen über den Orgasmus abzulegen – und findet sich in einer Debatte wieder, wem es nun besser gelungen sei, leistungsfrei zu lieben. »Ich habe das Schlimmste getan, was man tun kann: ich habe bewertet«, stöhnt ein Kandidat in einem therapeutischen Seminar.

Wo schnelle Lösungen zum Problem werden

Wie die Geschichte über *Hans im Glück* lehrt, ist es die spontane Reaktion auf eine Kränkung, den kränkenden Teil der Realität zu löschen, ihn loszuwerden und sich möglichst weit von ihm und von allen Erinnerungen an ihn zu entfernen.

Diese impulsive Reaktion speist sich aus dem Angst/Aggressions-Mechanismus, den der Mensch wie viele andere Tierarten in sich trägt. In diesem Affektschema geht es um *schnelle* Lösungen. Der innere Druck ist erheblich, seine nervösen und hormonellen Begleiterscheinungen setzen fast sofort ein.

Angst ist, ähnlich dem Schmerz, ein quälender Affekt, der das erlebende Ich unter Druck setzt. Das geschieht vor allem durch die Aktivierung von Phantasien, welche die Folgen der kränkenden Situation immer bedrohlicher ausmalen, wenn nichts geschieht. Die Hektik, mit der in Kränkungen Wut und Angst eine scheinbar stabile Beziehung überrennen, illustriert die Bedeutung der Wachsamkeit gegenüber den Zerstörungen durch solche schnellen Lösungen.

Klaus ist stolz auf seine attraktive Frau Maria; Maria bewundert ihren vielseitig begabten und beruflich erfolgreichen Partner. Sie haben zwei Kinder und sind manchmal zufrieden, dass sie inzwischen fünfzehn Ehejahre geschafft und eine große Krise zwischen dem ersten und zweiten Kind überstanden haben. Damals fühlte sich Maria vernachlässigt und fing eine heimliche Liebschaft an. Dann wollte sie reinen Tisch machen und gestand Klaus den Seitensprung. Das ist acht Jahre her, angeblich längst verziehen und vergessen.

An einem Sommermorgen nach einem harmonischen und erotisch erfüllten Wochenende hat Maria ihren freien Vormittag; Klaus muss in die Arbeit. »Was machst du denn heute?« »Ich denke, ich gehe in die aktuelle Ausstellung in der Kunsthalle, der Maler interessiert mich!« »Soso, interessiert dich, nun ja, ich weiß ja nie, was du alles so treibst!« »Was willst du damit sagen?« »Nichts, gar nichts, ist doch wahr, ich weiß es wirklich nicht!« »Warum sagst du so was? Nachdem wir uns so gut verstanden haben! Ich sage ja auch nicht, wie sehr es mich frustriert, wenn du deinen

Laptop aufklappst, kaum bist du zuhause, und während des Abendessens mit einem Auge deine *Mails* liest!« »Aber das habe ich doch am Wochenende gar nicht getan!« »Nein, aber früher, und ich habe nichts gesagt und dich nicht so fertig gemacht, wie du mich jetzt fertig machst! Ich ertrage das nicht. Soll ich mein ganzes Leben mit einem Mann verbringen, der mich verhungern lässt und mir bei jeder Gelegenheit etwas vorwirft, was acht Jahre her ist!« »Ich muss jetzt fahren, sonst komme ich zu spät in die Arbeit!« »Arbeit, Arbeit, alles ist wichtiger als ich, ich hätte Lust, heute noch zum Anwalt zu gehen!«

Diese Skizze zeigt die Eskalation eines Ehestreits unter dem Druck der impulsiven Affekte. Maria will, dass Klaus ungeschehen macht, was er ihr angetan hat. Charakteristisch ist die Frage »*Warum* hast du das getan?« Sie provoziert ausweichende Antworten – Klaus behauptet, er habe ja gar nichts Kränkendes gesagt. Oft können sich Paare nicht erinnern, was den Streit ausgelöst hat.

Wenn Maria Klaus drängt, ihr zu *erklären, warum* er ihre gute Stimmung zerstört und das harmonische Wochenende zunichte gemacht hat, steckt darin der Wunsch, die Kränkung ungeschehen zu machen. Klaus erlebt seine Äußerung als harmlos, sie ist ihm eben heraus gerutscht. Erst unter der analytischen Nachforschung werden ihm seine Motive deutlicher. Er war neidisch, dass Maria frei hatte und er arbeiten musste. Ihr ging es gut, ihm schlecht, und so wurde gerade die Harmonie und erotische Intensität des Wochenendes ein Stachel. Klaus wandte sich zu Erinnerungen, die seinen Neid auf Maria (und alle, denen es besser ging, zuerst seinem jüngeren Bruder, den die Eltern ihm vorgezogen hatten) enthielten.

Jetzt dachte er zornig daran, dass sie vielleicht mit einem anderen Mann ebenso süße Zärtlichkeiten getauscht hatte und er ihr dummerweise die Treue hielt. Und was hat er davon? Wer lohnt es ihm? Keiner dankt es ihm, wenn er vernünftig ist, treu ist, keine Szene macht, Maria nicht kontrolliert. Es war doch nur eine winzige Andeutung – und die soll schlimm sein? Maria hat ihm doch viel schlimmere Dinge angetan. Schließlich ist Klaus der unerschütterliche Ehemann, *sie* ist fremd gegangen. Sie müsste ihm dankbar sein, dass er sie zurückgenommen hat, sie soll nie vergessen, wie gut (und wie viel besser als sie) er ist.

Klaus' mögliche Motive spielen in der impulsiven Reaktion von Maria keine Rolle. Er hat etwas getan, was er nicht hätte tun dürfen. *Er hat sie schlecht gemacht.* »Das kann nicht wahr sein (und deshalb musst du es so begründen, dass ich es verstehe)! Nicht ich gefährde unsere Liebe – du machst sie kaputt! Ich kann eine Ehe nicht ertragen, in der mir auf immerdar, wenn es einmal schön war, baldmöglichst erklärt wird, dass ich schlecht bin! Ich muss mich scheiden lassen, damit ich dich nie wieder sehe, ich habe ein Recht auf eine wirkliche Liebesbeziehung, ich muss einen anderen Mann finden als Klaus, der mich verhungern lässt!«

In diesem inneren Monolog zeigt sich die Wirkung der Angst auf die Phantasietätigkeit. Alle positiven Erfahrungen mit Klaus sind weggezaubert; die Zukunft an seiner Seite ist eine Folge von Qualen. Die Entwertung begründet die Fluchtimpulse. Eine Phantasie, dass die Beziehung in Zukunft immer genau so schlecht sein wird, steht für den zentralen Auftrag der Angst an das Erleben: Nicht zu rasten, nicht zu ruhen, nichts zu genießen, ehe nicht die Gefahr beseitigt und ein sicherer Ort erreicht ist.

Die komplexen Überforderungen der Kränkungsverarbeitung in einer individualisierten und hochgradig arbeitsteiligen Gesellschaft werden verständlicher, wenn wir uns klar machen, dass die schnellen Affekte von Angst, Wut und Ekel während unserer langen und von intensiver genetischer Auslese geprägten Entwicklungsphase als Jäger und Sammler nervös verankert wurden.

In der Altsteinzeit entschied es sich rasch, ob ein Jäger Beute machte oder Beute wurde. Konflikte zwischen Artgenossen, schon damals wohl eine wichtigere Angstquelle als die Gefahren der Steppe, wurden nach den ethnographischen Berichten fast durchweg durch räumliche Trennung gelöst. Es gab weder die Bindungen, welche gemeinsames Eigentum schafft, noch die Verpflichtungen, welche in Arbeitsverhältnissen entstehen. Kein Jäger musste einem Anführer folgen, wenn er die Lust verlor, das zu tun. Karl May brachte seine Häuplingsvorstellungen aus Sachsen in die Prärie.

Wer sich diese Sachlage vergegenwärtigt, bringt mehr Verständnis für Personen wie Maria auf, die zumindest in ihrer ersten, impulsiven Phantasie versucht, Klaus aus ihrem Leben zu schaffen. Die menschlichen Flucht- und Angriffsimpulse einzuordnen, ist eine zentrale Beziehungsaufgabe. Wer einen Kontakt konstruktiv gestalten will, sollte diese Gefahren weder über- noch unterschätzen. Wer impulsiv spaltet, sagt nie die ganze Beziehungswahrheit.

Die Kunst des Dranbleibens verlangt, weder das eine noch das andere zu tun, sich weder vom Sturm der Affekte einschüchtern zu lassen, noch vorzugeben, er sei nicht ernst zu nehmen (bis heute wird zu diesem Zweck der Ausdruck »hysterisch« missbraucht). Wer sich gut an seine Kindheit erinnern kann, wird den nötigen Verzicht auf moralischen Dünkel, vorwurfvolle Normierung, aber auch pseudotoleranten Rückzug besser leisten.

Was Treue bedeuten kann

In ihrem Buch »Die Utopie der Treue« lässt Marina Gambaroff eine 30-jährige Frau sprechen. Sie redet über eine fortschrittliche Ehe, in der jeder Partner sexuelle Erfahrungen sammeln kann und diese Auffassung von einem Paar für ehrlicher gehalten wird als das klassische Treuegebot. Sie zitiert ihren Mann: Man fühle sich vielleicht in einer Landschaft besonders zuhause – etwa in den Voralpen. Aber die Toskana oder die Nordseeküste böten reizvolle Abwechslungen.

Beide Partner haben sich also darauf geeinigt, dass sexuelle Erfahrungen außerhalb der Ehe gestattet und akzeptiert sind. Das ist rational schlüssig. In einer Gesellschaft sich selbst verwirklichender Individuen kann kein Mensch alles für einen anderen sein. Gegenseitige Großzügigkeit respektiert die Erfahrungsmöglichkeiten des anderen.

Umso interessanter ist es, was die Frau in ihrer offenen Ehe erlebt: »Aber inzwischen habe ich das Gefühl, im Vergleich zu anderen Frauen echt hinterm Mond zu leben, so ein Dusseltier zu sein. Vielleicht bin ich phobisch oder wie man das so nennt. Ich erlebe eine wirklich tiefe und intensive Sexualität nämlich nur mit einem Partner, meinem Mann. Das fuchst mich manchmal ganz fürchterlich … Ich fühle mich dadurch zu sehr an meinen Mann fixiert und finde, dass ich – trotz bester Vorsätze – meine Sexualität doch nicht voll leben kann. Denn so eine letzte Offenheit, so ein Gefühl von Unverstelltheit und Direktheit in der Lust, das fehlt einfach bei den anderen. Das erlebe ich nur bei ihm.«[21]

Marina Gambaroff entwickelt daraus den Gedanken, dass es gerade in den Zeiten sexueller Libertinage etwas wie eine unbewusste Treue gibt. Sie schließt: »Wer von sich behauptet, er oder sie sei vollkommen treu in Tat und Phantasie, ist einem Selbstbetrug zum Opfer gefallen; wer von sich behauptet, mit der Untreue seines oder ihres Partners oder der eigenen ohne größere Schwierigkeiten umgehen zu können, ebenfalls.«[22]

Treue müsste nicht so oft beschworen und gefeiert werden, wenn sie dem Menschen leicht fiele. Die Geschichte des Mittelalters ist eine Geschichte von Treuebrüchen, weniger in der Ehe als gegenüber dem Lehnsherrn, von Rittern, die ihren Eid brachen, weil sie ein anderes Angebot lockte. Sexuelle Treue ist schwierig zu haben. Dennoch hören die Menschen nicht auf, sie sich zu wünschen.

Penelope, die Odysseus während seiner zwanzigjährigen Abwesenheit die Treue hielt, zeigt, wie schon im ältesten Epos der europäischen Geschichte das Thema zum Gegenstand idealisierender Übertreibung wird. Aber bereits in der Antike wurde auch eine andere Geschichte aufgezeichnet: die der Witwe von Ephesos[23] im Satyrikon des Petronius.

In der »Zauberflöte«, Mozarts Oper über Licht und Finsternis, erhabene und irdische Liebe, geht es immer wieder um Treue: Tamino bricht das Versprechen, das er der nächtlichen Königin gegeben hat, die Königin sucht ihre Tochter mit dem Treuegebot zu einem Mord zu bewegen, und Papageno sagt, was brave Bürger nur denken: »Ich will dir ewig treu bleiben … so lange ich keine Schönere finde!«

Das Dranbleiben begleitet uns in den Widerspruch hinein, der die Treue in einer Zeit sich selbst verwirklichender Individuen befallen hat. Eigene Treue fällt schwer, ebenso schwer fällt es, auf die Treue des Partners zu verzichten. Das Dranbleiben erleichtert es, mit diesem Widerspruch zu leben, den wir nicht lösen können. Wenn wir Opfer eines Treuebruchs sind, fordert das Dranbleiben von uns, in der Kränkung nicht alles Gute aufzugeben, das wir von dem treulosen Partner bekommen haben. Und wenn wir den Treuebruch begehen, erleichtert es uns, die Kränkung nicht ins Unermessliche wachsen zu lassen, sondern sie einzuordnen und vielleicht zusammen mit dem Menschen zu verarbeiten, dem wir fremd geworden sind und dem wir doch vertraut bleiben wollen.

Die archaischen Gesetze, nach denen Ehebrecher und Ehebrecherinnen gesteinigt werden, sind in modernen Staaten nicht mehr verbindlich. Wie schwer solcher Verzicht fällt, zeigt die Forderung der Islamisten, die Scharia wieder einzuführen. Für die Zivilisationen gilt: »Erlaubt ist, was gefällt!« Der Staat greift nur ein, wenn Gewalt angewendet wird, um den Treuebruch zu rächen oder zu bestrafen. In den Wortgefechten der Partner wird nicht nur dem Fremdgeher Versagen vorgeworfen, sondern auch dem Treuen, der es so weit hat kommen lassen.

In einem modernen Hollywood-Melodram packt der/die Betrogene gleich nach der schmerzlichen Erkenntnis die Koffer. In den Umfragen der Meinungsinstitute ist »Treue« nach wie vor ein Wert, ohne den sich die meisten Menschen eine Partnerschaft nicht vorstellen wollen. Allerdings gibt es einen charakteristischen Abbau dieses Ideals mit fortschreitendem Alter. Erheblich mehr Zwanzig- als Fünfzigjährige halten sexuelle Treue für unverzichtbar.

Für den jungen Erwachsenen, der noch die »richtige«, die ideale Liebe sucht, ist es klar, dass er niemals mit jemandem leben will, der ihm nicht treu ist. Daher würden nach einer Umfrage von den 18- bis 29-Jährigen 60 Prozent einen Seitensprung nicht verzeihen, während sich von den über 45-Jährigen nur 40 Prozent von dem treulosen Partner trennen würden.

Wie sich Menschen in einem so sehr von existenziellen Ängsten geprägten Feld im Ernstfall entscheiden, das widersteht einer Aufklärung durch Umfragen. Die Befragten sprechen ja nicht über ihr Verhalten in einer Ernstsituation, sie geben vielmehr Auskunft darüber, was sie für richtig halten würden, wenn denn dieser Fall einträte. Das macht Spaltungen leicht, da es nichts kostet, Idealvorstellungen Platz zu schaffen.

Dennoch ist die Veränderung der Aussagen abhängig vom Alter interessant. Ich verstehe sie nicht so, dass die Befragten den Treuebruch harmloser finden; sie wissen nur genauer, wie weh eine Trennung tut und haben deshalb mehr Bedenken. Wer ein Haus gebaut und Kinder zu versorgen hat, der weiß auch, dass es ebenso schwer ist, eine gewachsene Gemeinschaft aufzulösen, wie die eigenen Leidenschaften verlässlich an eine einzige Person zu binden. In der Umfrage gaben 49 Prozent der Männer einen Seitensprung zu; bei den Frauen waren es 37 Prozent. Jede dritte Frau äußerte die Überzeugung, dass ihr Fehltritt das Liebesleben mit dem festen Partner verbessert habe.

Da es keine verbindliche Autorität gibt, die sexuelle Treue regelt, bestimmt der oder die Durchsetzungsfähigere die Norm. »Wenn du mich wirklich liebst« ist ein zweischneidiges Argument, es kann für die Nebenlust angeführt werden, die dem Partner nichts wegnimmt, aber auch für den Verzicht auf den doch angeblich harmlosen Seitensprung. In der Eifersucht geht es um die Kraft der Sexualität, Abhängigkeit zu schaffen. Sie bewegt Menschen nicht nur, Kinder zu zeugen, sie weckt auch die Vorstellung einer Symbiose, deren Verlust tödlich ist und unter Einsatz des eigenen Lebens verteidigt werden muss. Manchmal wird dann der Partner selbst zum Feind. Er hat die Symbiose zerstört und verdient daher den Tod.

Die symbiotische Form der Geborgenheit wird in der Moderne umso wichtiger, je ausgeprägter die Freisetzungsprozesse sind. In Großfamilie, Inselwelt, Dorf, Gebirgstal fühle ich mich geborgen, auch wenn meine Ehe kriselt. Es gibt sozusagen eine Heimat außerhalb des Liebespartners. In den Großstädten suchen viele Menschen eine Ersatzheimat allein bei der Person, mit der sie Tisch und Bett teilen. Der geliebte Mensch, der die neu gewonnene Mobilität begleiten und stabilisieren soll, kann den nötigen Halt nur geben, wenn er »der/die Richtige« ist.

Die ungestümen Bürger der Moderne binden sich an das Ideal der perfekten Beziehung zum perfekten Gegenüber. Sie verlieben sich und glauben für eine Weile, sie hätten es sich erfüllt. Sie entlieben sich, wenn ein Schatten auf die Beziehung fällt. Nicht wenige verharren in diesem Stadium des *swinging single*. Aber wer sich immer trennt, wenn es wieder die »richtige Beziehung« nicht war, gerät in eine ähnliche Leere wie der Fernsehzuschauer, der seine Abende zu Fragmenten von Bildfolgen zerzappt.

Die Rede von den guten und schlechten Tagen lässt sich nicht nur als Fessel, sondern auch als Chance begreifen. Aber dazu wird es nötig, bei einem Partner zu bleiben, der gut und schlecht auf seine, nicht auf meine Weise definiert. Die Beziehung festigt sich, wenn Eifersucht verarbeitet, Enttäuschung ertragen, Aggression gegen den Partner zugelassen und an ihr die Macht der Zuneigung geprüft werden konnte. Wenn der Weg das Ziel sein soll, ist nicht das Melodram das wichtigste Thema der Liebenden, sondern der Alltag.

Wer sich binden und Kinder riskieren möchte, muss mit Versagungen fertig werden und die Illusion aufgeben, Liebe heiße, alles aneinander gut zu finden oder alles füreinander getan zu bekommen. Verliebtheit leugnet die Differenz, so lange sie die wechselseitige Überschätzung stabil halten kann. Die Festigkeit einer Liebesbeziehung erweist sich aber nicht an den Liebesschwüren, sondern an der Frage, ob ein liebevoller Umgang mit den Differenzen möglich ist und die Partner angesichts dieser Aufgabe zusammenarbeiten oder vorwurfsvoll übereinander her fallen.

In diesem Prozess wird die Treue vom Ideal zur Wirklichkeit, von der moralischen Forderung zur emotionalen Basis. Die vielleicht stolzeste Leistung dieser gemeinsamen Entwicklung eines Paares ist es, zu erkennen, dass der Partner in Unwesentlichem fremd gegangen, im Wesentlichen aber geblieben ist. Die typische Eifersuchtskrise dreht dieses Verhältnis um.

Jüngst versuchte ich einem Paar, das sich trennen wollte und allein wegen des dreijährigen Kindes eine gemeinsame Therapie begonnen hatte, mit einem Vergleich zu erklären, was mir in ihrer Beziehung zu fehlen schien. Sie hätten, sagte ich, aus der Phase ihrer Verschmelzung und Hoffnung, in der Beziehung alle Probleme gelöst zu finden, nicht in die Phase des Managements gefunden.

Dieses beginne spätestens, wenn es darum geht, ein Kind zu versorgen. Dann gibt es keine Verschmelzung mehr, in der kindliche Bedürfnisse aneinander unbewusst mit befriedigt werden. Dann gibt es zwei Eltern, die ein Baby versorgen müssen. Wenn sie sich das partnerschaftlich teilen, verschmelzen sie abwechselnd mit diesem. Bleibt die Mutter beim Kind, muss sie den Abstand des Vaters von ihrer Symbiose mit dem Baby ebenso managen wie der Vater die Tatsache, dass es ein Drittes in der Beziehung gibt und seine Frau nicht mehr wie früher für seine kindlichen Bedürfnisse da sein kann.

In diesem Fall hatte es der Vater nicht ertragen, dass die Liebe nicht mehr überwiegend ihm galt. War es ihm misslungen, die Vaterrolle anzunehmen? Hatte seine Frau ihn ausgeschlossen? Sie kanzelte ihn ab, er solle seine Wünsche zurückstellen, sie brauche kein zweites Kind. Er wandte sich einer anderen Frau zu. Seine Partnerin konnte ihm diese Treulosigkeit nicht verzeihen.

Bald zeigte sich, dass diese beiden erfolgreichen und tatkräftigen Menschen chronisch unzufrieden waren. Sie kompensierten durch Höchstleistungen im Beruf frühe Verletzungen aus Familien, in denen sie wenig Anerkennung fanden.

Als sich herausstellte, dass die Bereicherung durch das Kind mit Verlusten an gegenseitiger Bestätigung verknüpft war, entwerteten sie sich in Tat und Wort. Sowohl der Mann wie die Frau waren vor ihrer Ehe in Führungspositionen tätig gewesen. Sie blickten wenig begeistert, als ich ihnen erklärte, sie wüssten doch, wie man fähige Mitarbeiter führt: Man kritisiert sie nicht in Grund und Boden, bedroht sie nicht beim kleinsten Fehler mit dem Hinauswurf. Man versucht im Gegenteil, ihre Stärken anzuerkennen und ihre Schwächen durch genaue Rückmeldungen schrittweise zu neutralisieren.

In der Verliebtheit komme man vielleicht ohne Management aus, aber in einer Familie, wo Kinder zu versorgen sind, müsse jeder Partner den anderen in seiner neuen Rolle unterstützen.

»Die Liebesbeziehung, die ich möchte, soll *besser* sein, als alle Beziehungen, die ich in der Firma hatte«, sagte sie energisch. Er nickte. »Management hört sich nach Manipulation an. Ist das nicht kalt und berechnend?« »Man sollte sich in einer Ehe aber auch nicht schlechter behandeln, als einen Kollegen oder eine Kollegin«, gab ich zu bedenken.

Nicht die Treue, sondern das Dranbleiben gibt dem Paar die Basis, den Prozess der De-Illusionierung zu bewältigen. Er gelingt, wenn beide lernen, sich in ihm, so gut es geht, auszutauschen. Jeder darf Ängste haben, Schwächen zeigen, kindliche Bedürfnisse erfüllt wünschen. Dann haben sie eine Chance, die kostbaren Momente abzuwarten und zu erneuern, in denen aus der Routine eines vertrauten Ehe- und Elternteams eine neue Verliebtheit wächst.

Liebespartner verheißen einander die zentrale Garantie von Geborgenheit, das Versprechen einer eigentlich bedingungslosen Liebe und Fürsorge angesichts einer Welt, in der jedes Ding und jede Dienstleistung ihren Preis hat. Jede Beziehung von ähnlich verschmelzender (oder auch nur als verschmelzend phantasierter) Intensität wie die, welche als »meine Beziehung« erlebt wird, reißt eine Lücke in die schützende Außenhaut.

Je nachdem, wie stark sich das Paar bisher in wechselseitigen Idealisierungen gegen die Umwelt abgegrenzt hat, ist dieser Makel einer idealisierten Liebe so unangenehm wie ein Rostloch in einer Autokarosserie, ein Riss in der Kabine eines Düsenflugzeugs oder ein Schaden in der Hülle einer Raumstation.

Wie viele kostbare Qualitäten ist auch die Treue durch ihre falschen Freunde mehr bedroht als durch ihre energischen Feinde. Diese falschen Freunde sind die starre Pflicht, der soziale Zwang, die moralische Sanktion. Es sind jene innere Trägheit und geistige wie emotionale Ödnis, die einen Treuedünkel begründen können, obwohl sie allein die Unfähigkeit zur Initiative ausdrücken.

Wer zu einer erfüllten Gefühlsbeziehung nicht in der Lage ist, dem kommt es zupass, seine Unbeweglichkeit als Treue auszugeben. Aber auf diese Weise wird die Treue selbst mit Langeweile und einem Entwicklungsdefizit verknüpft, die sie freudlos machen. So bleibt sie als leere Hülle bestehen.

In der therapeutischen Praxis lernt man nicht selten Menschen kennen, die jeder festen Beziehung ausweichen, weil sie als Kinder einem solchen »treuen« Elternpaar ausgeliefert waren. Zuerst scheint es rätselhaft, weshalb sie derart wohlgeordnete Familienverhältnisse nicht zu mehr Zuversicht inspiriert haben. Aber bei genauerem Hinsehen erkennt man hinter dem Schleier der Norm die Normopathie der Eltern, ihre Unfähigkeit, sich miteinander zu entwickeln, sich aneinander zu freuen, ihre Beziehung zu erfüllen. Dem Kind muss dann die Ehe wie eine Fallgrube erscheinen, aus der es nur den Ausweg in ein Gefängnis gibt.

Der falsche Freund der Treue ist also die Trägheit; ihr ehrlicher Feind, aus dem ein starker Verbündeter werden kann, ist die Neu-Gier. Mit Bindestrich geschrieben, verliert die Neu-Gier etwas von der Harmlosigkeit des Hinguckens und Hinhörens ins Unbefugte. Sie wird als ein mächtiger Trieb deutlich, der den Menschen bewegt, zu erobern, sich zu bewegen, das Bekannte zu verlassen und »fremd zu gehen«.

Lebendige Treue wächst, sobald es gelingt, diese Neu-Gier soweit anzunehmen und zu lenken, dass sie sich unbeirrt und energisch auf den Partner richtet. Seine Entwicklung, sein Wohlergehen, seine Geschichte, seine Gefühle sind interessant. An ihm kann immer etwas entdeckt werden.

Das ist nicht so schwierig, wie es klingt. Der Mensch, dem wir uns mit liebevoller Aufmerksamkeit zuwenden, ist unerschöpflich, wenn wir erst angefangen haben, seine Realität zu akzeptieren, ihm nicht wie ein Fanatiker, sondern wie ein Forscher, ein Ethnograph zu begegnen. Der Fanatiker sieht immer nur Ansatzpunkte, den anderen so zu machen, wie es ihm seine eigene Überzeugung von richtig und falsch gebietet. Der Forscher hingegen akzeptiert seine Unwissenheit und lässt sich überraschen; er stellt Fragen und verzichtet darauf, zu missionieren.

Das Dranbleiben kann aus der Treue des Fanatikers die Treue des Forschers machen. Denn der Fanatiker ist nur so lange treu, wie der Gegenstand der Treue genau seinen Vorstellungen entspricht. Tut er das nicht mehr, wird er entwertet, ja zerstört. Der Forscher hingegen rechnet von Anfang an mit Überraschungen. Wenn etwas ganz anders ist, als er es erwartet, führt ihn das nicht dazu, seinen Gegenstand fallen zu lassen. Er bemüht sich darum, zu verstehen, was geschehen ist. Er kann dranbleiben, weil er mehr Abstand hat, mehr Bewegung zulassen kann und deshalb durch eine unerwartete Bewegung nicht so verletzt wird, dass er bewegungsunfähig auf der Strecke bleibt.

4. Die Regeln der Konsumgesellschaft

Dumme Treue – die Erosion des Vertrauens

Treue in Liebesbeziehungen wird wohl auch deshalb so betont, weil sie in vielen Bereichen der Konsumgesellschaft alles andere geworden ist als eine respektierte Tugend, etwas wie eine Form der Demenz, die ausgenutzt wird. Dazu eine aktuelle Geschichte. Wenn mein Internetzugang streikt, treffe ich sogleich alle Anstalten für eine Reparatur. Ich rufe meine Tochter Lea an. Sie erkennt schon am Ton meiner Stimme, dass ich vom Netz abgeschnitten bin. Sie ist die Spezialistin der Familie für solche Fälle, seit sie noch als Schülerin von einem befreundeten Microsoft-Mitarbeiter die ersten Einweisungen in die DOS-Welt erhalten hat. Sie hat unter ihrer Begabung zu leiden, denn ich bin keineswegs der einzige, der mit solchen Nöten bei ihr Zuflucht sucht. Sicher wünscht sie sich manchmal, blöder zu sein, dann hätte sie öfter ihre Ruhe.

Diesmal hat sie herausgefunden, dass das DSL-Modem manchmal Aussetzer hat und an seiner Stelle eine Fritz-Box eingebaut. Das klingt für mich eindrucksvoll, weil ich keine Ahnung habe, was der Unterschied zwischen beiden ist. Aber bei dieser Gelegenheit sind wir dank einer eingebauten Schlauheit dieser Fritz-Box auch darauf gekommen, dass mein vor zwei Jahren gekaufter DSL-Zugang viel zu langsam ist. Wenn ich den Vertrag nach einem Jahr gekündigt und einen neuen abgeschlossen hätte, würde ich die vierfache Datenmenge für das gleiche Geld bekommen, oder die gleiche Datenmenge für einen deutlich reduzierten Preis.

»Das kann doch nicht wahr sein! Da wird man als Kunde für seine Treue bestraft!« sagte ich.

»Davon leben die«, entgegnet meine kundige Tochter. »Ist dir das noch nicht klar geworden? Neulich hab ich dem H. hundert Euros pro Monat gespart, weil der einfach seine alten Verträge immer weiter hat laufen lassen. Und wenn die Anna (ihre jüngere Schwester) im Monat über hundert Euro vertelefoniert, liegt das nur daran, dass sie nicht aufgepasst hat; ich telefoniere mehr als sie und zahle nur einen Bruchteil!«

Sie hat sich dann ans Telefon gehängt, den Anbieter angerufen, ihm erklärt, dass doch für die bezahlte Flatrate inzwischen sehr viel mehr Daten fließen müssen, was der Anbieter sogleich zugestand. Sie hat ein Formular aus dem Internet geholt, ausgefüllt, ausgedruckt. Ich musste nur noch unterschreiben und faxen.

Dann hat sie mich belehrt, dass mein Firefox total veraltet ist, hat die neueste Version aus dem Internet geladen, hat sich drei Krimis geliehen – denn eigentlich ist sie krank und müsste im Bett liegen – und ist nach Hause gefahren.

So ist das also mit dem Lohn für die Treue!

Im Basar bekommt der Vertraute die Ware günstiger als der Unbekannte. Unsere modernen Marketing-Strategen machen es umgekehrt: Je neuer der Kunde, desto günstiger der Preis. Wer nicht ständig die vertraute Geschäftsbeziehung in Frage stellt, wird betrogen und zahlt mehr, als er müsste.

Eigentlich könnte ich wissen, dass sich Treue nicht lohnt. So abonniere ich seit Jahrzehnten eine große Tageszeitung und habe noch nie eines der Geschenke erhalten, mit denen jeder Neu-Abonnent rechnen kann, keine Kamera, kein Mountainbike. Ich weiß von einem Abonnenten-Tauschring für diese Zeitung und für ein Magazin. Die Mitglieder dieses Tauschrings kündigen Abonnements, werben sich als neue Kunden und geben die gelesene Zeitschrift pünktlich weiter. Die Beute wird geteilt.

Auch die Treue zu meiner Sparkasse ist ein Irrtum. Für sie zahle ich brav Gebühren. Als Neukunde anderswo käme ich günstiger weg. Vor einiger Zeit haben Politiker die Deutschen wegen ihrer Treue zu den vertrauten Energieanbietern gescholten. *Sie* seien schuld an hohen Preisen, weil sie aus Ängsten oder Verpflichtungsgefühlen an ihren vertrauten Stadtwerken festhalten und den Wettbewerb nicht stimulieren.

Vertrauen in die Treue unserer Mitmenschen ist eine Gabe, die mit der Bewältigung kindlicher Unsicherheit zusammenhängt. Wer die Chance hatte, einen Elternteil als *gut genug* in das eigene Innere aufzunehmen, der gewinnt ein Vertrauen in die eigenen Zukunftsentwürfe, das es ihm sehr erleichtert, das Leben anzugehen. Wenn er einen Menschen liebt, wird dieser ihn schon auch lieben. Wenn er Freundschaft anbietet, wird er sie erhalten.

Wo der Mensch angesichts der Unübersichtlichkeit seiner Konsumwelten nur noch einen Bruchteil der Personen, Dienstleistungen oder Waren einschätzen kann, wird Vertrauen ein Mechanismus, um soziale Komplexität zu reduzieren, eine »riskante Vorleistung«, wie Niklas Luhmann sagt.[24] Wo die Vernunft an Grenzen stößt, weil alles unübersichtlich ist, schenkt Vertrauen die intuitive Entscheidungsmöglichkeit. Wo aber Treue nicht belohnt wird und sich Misstrauen als ökonomische Tugend in den Vordergrund drängt, müssen wir uns nicht wundern, wenn beispielsweise die Wähler den Politikern generell nicht mehr trauen und *alle* Institutionen in den Verdacht geraten, korrupt zu sein.

Endkontrolle beim Verbraucher

Neulich erzählte eine Kollegin in einer Fachdiskussion von Therapeuten und Organisationsberatern, wie sie für ihre Praxis einen neuen Anrufbeantworter angeschafft hatte. Der alte, mit einem Tonband ausgerüstete, hatte lange seinen Dienst getan und war jetzt irreparabel. Der neue war ein eindrucksvolles Kästchen mit dicker Anleitung, der zehnmal mehr konnte, als eine Ansage zu machen und eine Nachricht aufzuzeichnen. Nach einigem Bemühen gelang es auch, ihn zu programmieren. Aber die Stimmaufzeichnung war unverständlich, die Ansage klang fürchterlich.

So trug meine Kollegin das Gerät zurück in das Kaufhaus und beklagte sich. Der Verkäufer war sofort bereit, den Apparat einzupacken und an den Hersteller zu senden. Sie würde umgehend einen neuen erhalten.

»Das finde ich sehr entgegenkommend«, sagte meine Kollegin. »Das ist doch wirklich ein kulanter Hersteller!«

»Denken Sie das nicht«, sagte der Verkäufer. »Es ist nur so, dass sich diese Firma seit Jahren die Endkontrolle spart. Sie bauen die Chips zusammen. Das war's dann auch. Wenn etwas nicht funktioniert, wird sich der Kunde schon melden. Bei Ihnen haben die einen defekten Sprachchip montiert. Sie müssen auch nicht glauben, dass da etwas repariert wird. Sie könnten das Ding auch wegwerfen, wenn die Ihnen glauben würden, dass es nicht in Ordnung ist.«

»Das erinnert mich doch an etwas in meiner Einrichtung«, sagte eine leitende Mitarbeiterin in der Pflege eines großen städtischen Krankenhauses, das vor fünf Jahren in eine GmbH umgewandelt worden war. »Man sollte doch glauben, dass ein solcher Prozess irgend wann einmal aufhört und man wieder weiß, in welchem Rahmen man arbeitet, wie die Strukturen sind, wer wohin gehört. Aber das ist überhaupt nicht so. Jeden Monat kommen neue Schreiben vom Geschäftsführer mit neuen Plänen, was alles neu organisiert werden soll, weil die letzte Neuorganisation nicht funktioniert.

Er redet dann immer davon, es gehe um Effizienz, Qualität, Ökonomie. Neulich hat er gesagt, bei uns fressen nicht die Guten die Schlechten, sondern die Schnellen die Langsamen. Niemand scheint daran zu denken, was es uns kostet, diese Unruhe auszuhalten, wie viele ausbrennen und krank werden. Es gibt Mitarbeiterinnen, die haben im letzten halben Jahr viermal das Büro gewechselt, es gibt Teams, in denen binnen Jahresfrist alle Mitglieder gekündigt haben oder versetzt worden sind.«

»Nehmen wir Hartz 4«, sagte die Dozentin in einem Weiterbildungsinstitut. »Ich will die Frage nach der Moral dahinter weglassen. Aber diese technische Blamage! Dieser Zwang zu ständigem Nachbessern! Man sollte doch meinen, dass Experten die Probleme voraussehen können, die durch ihre Gesetze entstehen. Da arbeiten viele hoch qualifizierte Leute monatelang. Aber keiner macht eine Endkontrolle, etwas wie die Generalprobe in der Oper.

Das Gesetz wird zusammengebaut und man lässt es los. Die Bürger werden schon reklamieren, wenn es nicht in Ordnung ist, nachbessern kann man immer. Wie viel Kraft und Geld das kostet, kümmert diese Leute doch nicht! Es ist ja nicht ihre Kraft, nicht ihr Geld. Es ist eigentlich noch schlimmer als beim Anrufbeantworter: Da kann ich wenigstens bei einer anderen Firma einkaufen. Aber wer kann schon auswandern? Und würde er es anderswo besser treffen?«

Diese kleinen Geschichten zeigen die mit Angst und Wut durchmischte Ratlosigkeit, welche so viele Menschen angesichts der Prozesse befällt, die mit »Globalisierung« beschrieben werden. Ist sie, wie Sigmund Freud von US-Amerika sagte, »ein Fehler, vielleicht ein gigantischer, aber auf jeden Fall ein Fehler?« Bedeutet sie, dass unsere Gesellschaften ebenso wie unsere Techniken so unübersichtlich geworden sind, dass wir anfangen, blind zu probieren und Neuerungen in die Welt setzen, deren Folgen wir nicht überblicken?

Im Rathaus von Siena finden sich Fresken, welche die damaligen Kontraste von Stadt und Land, von Zivilisation und Natur illustrieren. Vor fünfhundert Jahren sah die Silhouette von Siena nicht viel anders aus als heute. Solche Orte, an denen sich zumindest die Architektur seit fünfhundert Jahren kaum geändert hat, stehen für eine menschliche Möglichkeit, von der ich glaube, dass sie besser zu unserem Gefühlsleben passt als die Unberechenbarkeiten, mit denen wir uns heute täglich herumschlagen.

Chinesische Unternehmer versprechen ihren Wolkenkratzern heute eine Lebensdauer von vielleicht fünfzig Jahren. Ich frage mich, ob es nicht vielen Bürgern Shanghais so geht wie mir, wenn ich ihre Stadt sehe: Solange ich meine Gefühle ausblende, bin ich voller Respekt vor einer enormen technisch-organisatorischen Leistung. Sobald ich die Emotionen aber zulasse, befällt mich ein Gruseln: Kann das denn gut gehen? Ist das durchdacht? Hat das noch Wurzeln?

Ich erinnere mich an die Rechnung eines Ökologen, derzufolge wir sechs Planeten von der Größe der Erde bräuchten, um eine globale Zivilisation auf US-amerikanischem Niveau aus nachwachsenden Rohstoffen zu stabilisieren. Obwohl er daran wohl nicht dachte, hat Freud Recht. Dieses Amerika ist ein gigantischer Fehler.

Es gibt eine Grundregel über den weisen Umgang mit Veränderungen: *Never change a running system*! Solange

ein System funktioniert, wird es durch Veränderungen gestört; sobald es stillsteht, darf ich es ändern. Was aber tun,
wenn die Veränderung zum System geworden ist? Auf den
Stillstand warten, den die Wachstumsprediger als Katastrophe malen, und dann einen Neustart versuchen?

5. Tagträume und Realitätsverleugnung

Die Radikalität der Adoleszenten

Unsere Psyche ist konstruiert wie eine mehrstufige Rakete. In der Kindheit zünden wir die erste Stufe, welche uns hilft, der Trägheit der Erdanziehung zu entrinnen. In wenigen Jahren verwandelt sich ein hilflos zappelnder Winzling in ein ausdrucksstarkes, bewegliches Wesen, das voller Leidenschaft um seine Macht in der Familie ringt, gegen Geschwister und Eltern kämpft, das spricht und schreit und wünscht und will. Im Alter von vierzehn Jahren erreicht unsere im Test messbare Intelligenz ihren Höhepunkt – so schnell, so gedächtnisstark, so beweglich wie in diesem Alter werden wir nie wieder sein.

Damit nicht genug. Mit 14 Jahren beginnt auch eine ganz neue Phase der seelischen Entwicklung, in der wir die ausgebrannte Kindheit absprengen, sie bedenkenlos, ja verächtlich hinter uns zerschellen lassen und in eine Umlaufbahn steuern, von der aus wir uns selbst ebenso wie die Welt in einem ganz neuen Licht sehen. Allmählich reift nach den nackten Fertigkeiten auch die Fähigkeit, sich selbst wahrzunehmen, über dieses rätselhafte eigene Ich nachzudenken, über Leben und Tod, Sinn und Sein, über das Ziel der Geschichte und den Ursprung der Welt.

So frisch und gleichzeitig radikal wie in der Adoleszenz sehen wir uns und die Welt nie wieder. Sie hat darauf gewartet, von uns erkannt zu werden, erobert, in ihren Verzweigungen erforscht. Sie betrübt in ihrem Leid, ihren

Mängeln – und sie schreit danach, besser gemacht zu werden. Das adoleszente Ich ist grenzenlos, von sich selbst berauscht und wenig fähig, sich vorzustellen, auch einmal so zu resignieren, wie das die Erwachsenen tun, die Verwachsenen, die Ausgewachsenen, die Alten, welche die Macht in Händen halten und politische oder wissenschaftliche Entscheidungen treffen.

Weltverbesserung, Welterlösung – warum soll es bescheidener zugehen, kleiner sein? Bescheidenheit ist kein Thema der Adoleszenz. Angesichts der geringen Möglichkeiten, an irgendeinen der Schalthebel zu kommen, die Erwachsene in ihrem grauenhaft hohem Alter fest im Griff haben, muss der Geist nach dem Großen, Ganzen, Umfassenden greifen, das er nie so gut packen kann wie jetzt.

»Man muss alles verändern, damit alles so bleibt wie es ist!« Das sagt ein dreißigjähriger »Revolutionär« zu seinem sechzigjährigen, konservativen Onkel, der ihm gerade Geld zugesteckt hat, in dem 1958 erschienen Roman »Der Leopard« von Giuseppe Tomasi Lampedusa.

In der Tat kommen die Jugendideologien, welche die Welt verbessern wollen, nicht mit neuen Ideen, sondern mit alten, die sie wiederbeleben und auf die Gegenwart anwenden. Diese Gegenwart sind die Eltern und was sie verkörpern. Je radikaler die revolutionäre Phantasie, desto archaischer ihre Quelle – das lehrt gerade der islamistische Terrorismus. Die Täter orientieren sich nicht an ihren Vätern, sondern an imaginären Ahnen wie Sultan Saladin oder dem Propheten selbst.

Denke! Vergleiche! Bewerte! Sieh, was gut ist, was schlecht! Schaffe eine neue Welt und dich in ihr! So lassen sich die Forderungen des adoleszenten Gehirns an das Bewusstsein zusammenfassen. Das ist jetzt erlebnisnah und quer durch wissenschaftliche Ansätze formuliert. Wir wissen, dass in diesem Alter das Stirnhirn vollständig ausreift. Aber dieser Prozess vollzieht sich nicht in einem geschlossenen System, sondern in einem offenen: Das Gehirn bestimmt die Wahrnehmung der Welt, die Wahrnehmung der Welt prägt und formt das Gehirn.

Die Selbstentdeckung des Adoleszenten wird zu einer inneren Bewegung gegen die frühen, idealisierten Bilder der Eltern, die während der Kindheit aufgenommen wurden, um der Psyche während ihrer Entwicklung Halt zu geben. Für den Sohn vereinfacht es das Leben als Kind, wenn er den Vater bewundert, seinen Schutz sucht und sich mit ihm identifiziert. So gewinnt er Sicherheit und lernt schneller als auf jedem anderen Weg, seine kindlichen Aufgaben zu bewältigen.

Das adoleszente Ich hingegen entdeckt die Schwächen des Vaters und beschließt, sie ganz bestimmt nicht zu übernehmen. Es entdeckt die Unvollkommenheiten, die Ungerechtigkeiten, den Widerspruch zwischen schönen Worten und dem, was die Schönredner wirklich tun. Und gewiss entdeckt es keine ganz neue Welt, wo soll es die auch finden.

Es greift in die Vergangenheit, in Bilder von Einfachheit, Güte und Größe, die einmal da waren und jetzt banal gemacht, aus Eigennutz und Dummheit vernachlässigt und vergessen wurden. Ein teuflischer Feind hat sich das zunutze gemacht und gedeiht jetzt in den von ihm angerichteten Übeln wie die Made im Speck. Jagen wir ihn heraus, verbrennen den Speck, reinigen die Welt, sie wird von selbst schöner und größer wieder auferstehen.

Viele der Wirrnisse, welche die adoleszente Weltverbesserung dem Betrachter zumutet, lösen sich auf, wenn wir in ihr ein geistiges Bündnis der Ahnen mit den Enkeln sehen – gegen die Eltern, welche das Erbe der Ahnen veruntreut haben. Im Zusammenprall unterschiedlicher Kulturen, wie er ja in der Adoleszenz stattfindet, haben sich schon viele bizarre und ergreifende Szenen abgespielt. Sie beleuchten Versuche, ein geschwächtes Selbstgefühl durch Spaltungen wiederherzustellen, aus einer belastenden Gegenwart in Phantasiewelten zu entfliehen.

Ein Beispiel sind die sogenannten Cargo-Kulte in Neuguinea. Sie wurden an verschiedenen Orten beobachtet und waren in den fünfziger und sechziger Jahren des vergangenen Jahrhunderts äußerst lästig für die Kolonialverwaltungen.[25] Ihr Inhalt war, dass ein Prophet einen für kürzere oder längere Zeit erfolgreichen Kult einführte. Er predigte: Die Kolonialmächte haben durch Betrug *unsere* Ahnen dazu gebracht, die kostbaren Güter der Zivilisation (das Cargo) ihnen zu überlassen und ihre Enkel zu übergehen. Wenn diese die richtigen Beschwörungen und Rituale finden, werden die Ahnen ihre Fehler erkennen und den Eingeborenen das zukommen lassen, was ihnen zustand.

So entstanden in den fünfziger Jahren in Neuguinea mitten im Busch bizarre Kopien von Flugplätzen und Flugzeugen aus Zweigen und Laub. Landebahnen wurden gerodet, Funkgeräte und Kopfhörer geschnitzt, Gebete und beschwörende Signale zu den realen Flugzeugen empor gesandt, angeleitet von Propheten, die versprachen, bald würden die Ahnen landen und das irdische Paradies hebe an. Anhänger der Cargo-Kulte weigerten sich, auf den Plantagen der Kolonialherrn weiterzuarbeiten. Das galt in den Augen der Verwaltung als Vertragsbruch, denn viele Eingeborene wurden als Kontraktarbeiter ausgebeutet. Manche Anhänger wurden rabiat und plünderten ein Lagerhaus. Dann schritt die Polizei ein.

Die Cargo-Kulte beleuchten einen ins Interkulturelle verschobenen Adoleszenz-Konflikt: die aktuellen Mächte haben die Enkel um die Verheißungen der Ahnen betrogen. Diese müssen dafür kämpfen, den Betrug rückgängig zu machen, die Betrüger zu entlarven, ihnen ihre Beute weg zu nehmen und diese gerechter zu verteilen. Dieses Modell passt mit nicht vermeidbaren Unschärfen auf den Faschismus, auf den Maoismus und auf den Islamismus. Immer geht es darum, irgendeine schmutzige kleine Realpolitik abzuschaffen und einen grandiosen Brückenschlag zwischen einer idealisierten Vergangenheit und einer Vision paradiesischer Zukunft zu vollziehen.

Hitler will das großdeutsche Reich und die Reinheit der arischen Rasse wieder herstellen, Mussolini das römische Imperium. Mao will zum wahren Sozialismus zurückfinden, den die örtlichen Kader erstickten; die Islamisten sehnen sich nach dem Kalifat, dem Gottesstaat auf Erden, wie er zu Zeiten des Propheten einen Sieg nach dem anderen über die Ungläubigen davon trug. Es geht darum, einen klaren Feind zu benennen, der für alles Böse verantwortlich ist und gegen den alle Mittel erlaubt werden. An die Stelle des langsamen und mühevollen Erwerbs von Ansehen und Sicherheit treten Versprechungen von Erlösung und dem Paradies der Ahnen, das dem Selbstopfer folgt.

Wie konnte ein verkrachter Künstler und mediokrer Rabauke vom Schlag Adolf Hitlers *diese* Karriere machen? Beigetragen hat seine Nähe zur Adoleszenz, zu den traumatisierten Soldaten, den Frontkämpfern, die sich von der Etappe verraten fühlten und einem der ihren mehr vertrauten als anderen Politikern. Nicht *trotz*, sondern *wegen* seiner Unreife war Hitler so attraktiv für die Massen. Es gelang ihm, Demokraten und Juden zu Symbolen enttäuschender Eltern zu machen, die an allem schuld sind. Der Nationalsozialismus wurde ein genialischer Brückenschlag von den Ahnen zur modernsten Luftwaffe, ein Bund zwischen arischen Wurzeln und technischem Fortschritt gegen den Kompromiss der Eltern.

Ähnliche Symbole wie der *Schandfriede* von Versailles, wurden später in China der *Revisionismus* und in der Islamischen Welt Figuren wie der Schah von Persien.

Es fällt schwer, sich vorzustellen, dass Hitler, Stalin oder Mao irgendwann einmal wieder eine Massenbewegung inspirieren werden. Hingegen bleibt die innere Geste zeitlos, in der Adoleszente die Mächtigen in ihrer Umgebung betrachten und sich fragen, ob Jesus (oder Mohammed) das so gemeint haben können?

Aufgestaute Wut und jugendliche Amokläufer

Selbstsichere Eltern behalten ihr Wohlwollen, wenn ihre Kinder in der Pubertät kritisch reagieren; sie verhandeln mit den Jugendlichen und einigen sich. Wenn die Eltern selbst traumatisiert sind und Kränkungen nicht ertragen können, dann ziehen sie sich emotional entweder völlig zurück, oder sie identifizieren ihr Kind als Feind und werden unversöhnlich. Die Schul-«Terroristen» von Erfurt und Winnenden hatten Eltern, die sie einfach »in Ruhe ließen«; bei dem Norweger Breivik hören wir von einer Mutter, bei der der Sohn noch weit ins Erwachsenenalter hinein lebte, und von einem Vater, der die Familie früh verließ und zu dem Terrorlauf des Sohnes sagte, dieser hätte besser getan, sich selbst umzubringen als andere.

Die Welt der Heranwachsenden ist voller Aggressionen, die auf dem Widerspruch zwischen der ersehnten Geltung und der Realität beruhen. Aber sie ist in der entwickelten

Konsumgesellschaft arm an sozial anerkannten Möglichkeiten, große Taten zu vollbringen. Ein junger Massai kann ausziehen und einen Löwen erlegen oder Vieh stehlen. Parkbänke zu demolieren und Autos anzuzünden ist kein Ersatz.

Die Angebote der modernen Gesellschaft, sich zur Geltung zu bringen, sind entweder alltagsfern (*Deutschland sucht den Superstar*) oder sie erfordern Geduld und Ausdauer. Das ist leider unausweichlich: Die Kultur ist so komplex geworden, dass schlichte Helden selten gebraucht werden. Politische Arbeit, ein Studium, Engagement in einer Bürgerinitiative sind nicht geeignet, schnelle Lösungen für angestaute Wut zu finden.

Wird diese noch durch einen Mangel an Bindung, Empathie und Möglichkeiten von Sublimierungen verschärft, erliegt der Sinn für die Realität dem Größenwahn. Das hat Breivik durch seine Selbstdarstellung im Internet höchst anschaulich dokumentiert; er posiert in erfundenen Uniformen als Weltenretter und Neugründer eines untergegangenen Kreuzfahrerordens.

Viele der *Egoshooter*-Spiele im Computer spiegeln den inneren Zustand hyperaggressiver junger Menschen. Für die durch Projektionen abgewehrten Aggressionen stehen die jäh auftauchenden Monster. Indem diese niedergemetzelt werden, verschwindet die von ihnen in den Weg des Spielers getragene Angst. Je mehr dieser Monster der Spieler erledigen kann, desto sicherer kann er sich seiner Kontrolle über die Spielwelt sein. Er überschreitet die kritische Punktzahl und kann nun auf ein höheres Spielniveau aufsteigen.

Allerdings ist die Struktur dieser Spiele von beängstigender Aussagekraft, was die Chancen einer solchen Strategie angeht. Je öfter die Spieler siegen, desto gefährlicher werden die Monster.

Hier gilt tatsächlich das Bonmot der modernen Ökonomie: Bei uns fressen nicht die Guten die Schlechten, sondern die Schnellen die Langsamen. Irgendwann wird der elektronische Ich-Held *immer* ausgelöscht, bei schlechten Spielern schon auf einem der unteren Level, bei den guten weiter oben. Die Monster sind von Ebene zu Ebene hurtiger und schwerer zu killen. So erliegt irgendwann auch der tüchtigste Held.

Wenn ein kontaktgestörter, massiv gekränkter und sehr einsamer Jugendlicher solche Spiele spielt, dann kann er in eine Art Rollentrance geraten. Er wird zu einer neuen Persönlichkeit, die er in Tagträumen fortsetzt und im extremen Fall zur Realität macht. Aber nicht die Tagträume von Gewalt, Macht und Grandiosität sind das Problem, sondern der Mangel an Gegenkräften und Halt in der Realität.

Tagträume und virtuelle Welten

Wenn ich mich an meine eigenen Tagträume während der ersten Gymnasialklassen erinnere, sehe ich heute amüsiert, wie viel von dem Helfer-Thema, das mich später so beschäftigt hat, hier vorweggenommen und ins Grandiose verzerrt ist. Im Dienst des Guten durften nebenbei auch jede Menge Feinde erschlagen werden.

Auf meinem ausgedehnten Schulweg pflegte ich, nachdem der Vormittag mit seinen sechs Schulstunden überstanden war, das Rad nach Hause zu schieben und zu träumen. Ich war meist damit beschäftigt, mir auszumalen, wie ich die Helden, die ich aus Abenteuerromanen oder Sagen kennen gelernt hatte, aus Gefahren errettete.

Ich war also einerseits stärker als sie und ihnen überlegen, andererseits aber ihr Helfer und Beschützer, was den angenehmen Nebeneffekt hatte, dass ich sie auf diese Weise als Freunde gewann, was nicht gelungen wäre, wenn ich meiner Rivalität freien Lauf gelassen und sie etwa gar besiegt hätte. Das passte zu meiner Rolle in der Familie – ich war der Kleinste, der jüngere Bruder, strebte also danach, die Großen gleichzeitig zu übertreffen und versöhnlich zu stimmen.

Nun ist es für einen Elfjährigen nicht leicht, starken Männern aus Gefahren zu helfen, mit denen diese nicht fertig werden. Mir gelang das durch meine Ausrüstung, mit deren Komposition ich viele Stunden verbrachte und durch meine Unverwundbarkeit, die ich dem Siegfried der Heldensage abgeschaut, aber auf meine kindliche, mit der Tragik des Helden bis heute noch nicht ganz einverstandene Weise, verbessert hatte. *Ich* hatte *keine* verwundbaren Stellen. Neben meinem so vollzogenen Schutz beschäftigten mich Waffen. Unter anderem verfügte ich über ein Wunderschwert, das schärfer war als alle anderen Klingen und über eine unscheinbare Pistole, aus der ich notfalls auch – es genügte dazu, einen kleinen Hebel zu verstellen – Granaten und selbst Atombomben abschießen konnte.

So war es kein Wunder, dass ich meine Freunde Winnetou, Old Shatterhand oder Dietrich von Bern ständig vor Tyrannosauriern oder aus Umzingelungen von zahlenmäßig weit überlegenen Feinden retten konnte. Sie drohten zu erliegen – und da kam ich! Es bereitete diesem unverwundbaren Ritter, der so unscheinbar in seinen ausgewaschenen Manchesterhosen die Straße entlang trödelte, keinerlei Probleme, einen Feind nach dem anderen mit seinem Diamantschwert entzwei zu hauen oder, wenn es schneller gehen musste, sie schockweise mit einer Granate zu erledigen.

Diese Tagtraumwelt, in die ich mich jederzeit zurückziehen konnte, entstand zwischen acht und neun Jahren; sie löste sich auf, als ich etwa sechzehn Jahre alt war und entdeckte, dass ich *denken* konnte. Natürlich hatte ich schon lange gedacht, aber ich *wusste* nicht, dass ich dachte. Damals begann ich, in meinen Mußestunden Aphorismen und Gedichte zu verfassen, deren Pathos mir heute peinlich ist.

Auch später versuchte ich manchmal, mich in den früheren Tagtraumzustand zu versetzen, etwa nachts, wenn ich nicht einschlafen konnte. Enttäuscht stellte ich fest, dass es mir nicht mehr gelang. Natürlich phantasiere ich immer noch, aber verglichen mit den Tagträumen von damals erscheinen mir die gegenwärtigen flüchtig, blass, bruchstückhaft, viel dichter bei der Realität und keineswegs vorwiegend angenehm.

Meine tagträumerischen Killer- und Kampfspiele in den fünfziger Jahren entstanden aus keinem optischen Medium. Fernsehen gab es nicht, ins Kino gingen wir nur selten. Tagtraum-Vorlagen waren zuerst Grimms Märchen, und die griechischen Mythen, die meine Mutter erzählte: vom raffinierten Odysseus, der Polyphem trunken macht und blendet, vom mächtigen Herakles, der die Hydra besiegt und seine Pfeile in ihr giftiges Blut taucht, von Chiron und Polyktet, von Hektor und Achill. Später kamen vor allem die Sagenbücher dazu: Siegfried, Dietrich von Bern, Beowulf.

Den Wunschtraum der Stärke kennen viele Kinder, sonst wäre Pippi Langstrumpf nicht eine der beliebtesten Heldinnen. Als ich später Freud studierte und selbst auf der Couch lag, verbanden sich meine frühen Fixierungen auf Waffen mit dem Konzept des Kastrationskomplexes. Nun ist es mit dem psychoanalytischen Denken ähnlich wie mit dem Sehen in der Dämmerung: Was wir allzu scharf ins Auge fassen, verschwindet. Beim Sehen liegt das daran, dass die Lichtempfindlichkeit am Rand des Fixierungspunktes größer ist. In Analysen hingegen ist es die mechanische, lineare Umsetzung, die unfruchtbar bleibt.

Wenn der Penis Symbol für Stärke, Leben, für die Freiheit von Sorge und Angst ist, dann bringt seine Auffälligkeit die Gefahr mit sich, ihn zu verlieren. Er ist kostbar und gefährdet, beide Qualitäten treffen den kleinen Mann schärfer als das kleine Mädchen, doppelt schärfer, weil das kleine Mädchen von Frauen umgeben ist, die ihm ähneln, der kleine Mann aber nicht.

Die Faszination durch Waffen und die mit ihnen verknüpfte Vorstellung von Stärke scheint mir mit der tieferen Fremdheit und damit auch Verängstigung des kleinen Mannes angesichts seiner weiblich beherrschen frühen Welt zusammenzuhängen.

Die Waffe bringt der Held nicht von Anfang an mit sich, sie muss gewonnen werden. Das ist mit dem Penis ganz ähnlich. Er ist zwar von Anfang an da, aber ob er sich im richtigen Moment in den Phallus verwandelt, wie lange er standhält, bleibt ein Thema männlicher Ängste. Diese wurzeln im Vergleich, in der Rivalität. Wer Grund hat, sich überlegen zu fühlen, wen Stärke, Mut und Intelligenz auszeichnen, der hat weniger Grund, der gewalttätige Herrscher einer Traumwelt zu werden.

Auf verschiedenen Wegen kommen die Helden zu ihren Waffen – sie finden sie, wie Conan, in einem Grab; sie ziehen sie, wie Artus, aus einem Felsen, sie erhalten sie, wie Perseus, als Geschenk einer Göttin oder schneiden sie, wie Herakles die Keule, aus dem Stämmchen einer wilden Olive. Die Waffe wird zum Symbol, sie rüstet den Arm, der sie führt, mit zusätzlicher Stärke (wie das singende Schwert von Prinz Eisenherz) oder belebt, wie es Tolkien im »Herrn der Ringe« erzählt, die Kraft des verhexten Königs Theoden.

Dass eine von Massenmord und krasser Dominanz geprägte Phantasiewelt wenig über die manifeste Aggressivität sagt, kann ich aus eigenem Erleben unterstreichen. Es war »bei uns« seit Generationen nicht üblich, Gewalt anzuwenden. Daher schämte ich mich auch so heftig und lange, wenn ich einmal entgleiste. Ein einziges Mal habe ich wirklich jemand verletzt: meinen Bruder.

Recht typisch für solche Erinnerungen ist auch, dass ich die Provokation völlig vergessen habe, aber noch genau vor mir sehe, wie ich in blindem Zorn meinem Bruder die Armbanduhr, die ich gerade in der Hand halte, mit Wucht an den Kopf werfe und schockiert sehe, dass er ganz ernst wird und Blut auf das Tischtuch tropft. Damals lief ich weg, versteckte mich auf dem Dachboden und fror in der Dunkelheit, bis mich meine Mutter holte, es sei nicht so schlimm, blute nicht mehr, solle aber nie wieder geschehen.

Mir war damals klar, dass mein Verhalten die Ordnung gebrochen hatte: Mit dem, was ich da tat, gehörte ich nicht zu den anderen, ich war böse, fremd, allein – daher auch die Flucht auf den Dachboden, in die Finsternis. Aber ich hatte auch die Möglichkeit, zurückzukehren und einen nicht ausgesprochenen, aber bindenden Pakt zu schließen, es nie wieder zu tun.

Wer sich nicht besser stellt und besser fühlt, sobald er auf Gewaltausbrüche verzichtet, wird es schwer damit haben, denn die Wut ist mächtig und braucht ein ganzes Bündel an Hemmungen, um sich begrenzen zu lassen, Hemmungen, die mit Angst zu tun haben und solche, die mit Hoffnung verknüpft sind, auf diese Weise in einer angenehmeren Welt zu leben.

Meine Erfahrungen mit mir selbst machen mich skeptisch gegenüber Versuchen, die Grausamkeit der großen Diktatoren auf deren »Vaterlosigkeit« und »Mutterkindheit« zurückzuführen, wie es Volker Elis Pilgrim unternommen hat. Wenn die soziale Umgebung sich verlässlich an die Regeln eines von körperlicher Gewalt freien Umgangs hält, ist es für das Kind wichtig, dazuzugehören. Wenn es sich aber nicht auf die Erwachsenen verlassen kann, wird es auch selbst unzuverlässig. Es ist dann nicht einzusehen, weshalb ich auf die sofortige Lösung meiner Spannungen im Jähzorn verzichten sollte, wenn andere das nicht tun. Dann stelle ich mich lieber darauf ein, dass jederzeit Gewalt ausbrechen kann und versuche, zuzuschlagen, ehe ich selbst geschlagen werde.

Es waren die Kinder aus solchen Familien, die mir in der Schulklasse Angst machten, weil ich ihnen zutraute, dass sie ungehemmt von den Rücksichten seien, die ich selbst nicht mehr lockerte. Viel davon erwarb ich wohl aus unbewussten Identifizierungen mit den Ängsten meiner Mutter, die sich oft von der Aufgabe überfordert fühlte, zwei gesunden und energischen Mini-Männern Grenzen zu setzen.

Die Welt aggressiver Tagträume ist eine andere als die eines aggressiven Täters. Dazu müssen Bedingungen hinzutreten, die den inneren Zirkel des Tagtraum durchbrechen, der von Scham bewacht ist, sich nach außen zu zeigen: Eine Ideologie, Kameraden, Waffen und Pläne, sie zu gebrauchen. Es muss etwas von außen in die Tagtraumwelt des Kindes greifen, um die in ihr latente Gewalt zu verwirklichen, sie an die Oberfläche des Verhaltens zu locken.

Ob Computerspiele oder Gewalt am Bildschirm dieses »Außen« sein können? Nach allem, was ich aus eigenem Erleben und aus Analysen weiß, reichen sie nicht aus, sind vielleicht weniger durch die Inhalte und die von ihnen geformten Phantasien schädlich, als durch die Zeit und Kraft, welche sie dem Kind oder dem Jugendlichen durch ihre Sucht-Qualitäten stehlen.

Die kindliche Welt tastet nach Waffen und nach Szenarien, aber diese führen eher fort von der Wirklichkeit als in diese hinein. Dem Tagträumer scheinen die realen Möglichkeiten seiner Aggression eher banal, uninteressant gegenüber der Phantasie, ganze Städte oder Planeten auszulöschen oder zwanzig Ritter der Reihe nach mit dem Diamantschwert niederzumetzeln, das durch ihre Schwerter und Rüstungen schneidet wie eine heiße Klinge durch Butter. Wenn freilich Kinder aus dieser Welt heraus tatsächlich Zugriff auf moderne Schusswaffen haben, entsteht eine sehr gefährliche Brücke zur Realität.

Aus diesem Grund warnen alle Berichte aus Krisengebieten der Dritten Welt vor Kindersoldaten. Erwachsene Kämpfer sind eher berechenbar. Wenn sie einem Fremden begegnen, überlegen sie, was sie mit ihm anfangen können. Ein Kind mit einer automatischen Waffe ist hingegen ein von emotional besetzten Phantasien gesteuertes Geschöpf. Was es mit einem wehrlosen Ziel anfängt, hängt von Stimmungen ab.

Die Freude am Heldenleben in Phantasiewelten wurde auch in meiner Kindheit von außen gereizt und gestützt. Es geht, wie Fontane sagt, nicht ohne Hilfskonstruktionen. Je disziplinierender die Normierungen (hier haben Protestantismus und allgemeine Schulpflicht viel geleistet), desto größer die Sehnsucht nach wilden Inseln. Sie wurde seit dem Beginn der Industrialisierung durch eine wachsende Zahl von Kolportage-Romanen befriedigt. Karl May, Alexandre Dumas, Walter Scott haben auch mich inspiriert.

Auch die psychologische Analyse setzte sich bereits Anfang des letzten Jahrhunderts mit dieser geistigen Welt auseinander. Freuds Arbeit über den Tagtraum, »Der Dichter und das Phantasieren«, wurde 1908 veröffentlicht.

Der Tagtraum ist das größte, kohärenteste Stück des menschlichen Phantasielebens, ein Beleg für die wunscherfüllenden Aspekte der seelischen Tätigkeit. Lustverzicht fällt dem Menschen schwer; er gibt Wünsche ungern auf, und wenn er es denn tun muss, sucht er, sich zu entschädigen – er schafft sich ein Doppelleben, eine zweite Existenz, in der ehrgeizige und erotische Wünsche erfüllt werden, ohne dass die Realitätsprüfung einschreitet. Das Wissen, dass das alles nicht wirklich ist, beeinträchtigt die Lust nicht, sondern gibt ihr nur eine andere Qualität.

Freud findet hier ökologische Metaphern: »Die Schöpfung des seelischen Reiches der Phantasie findet ein volles Gegenstück in der Einrichtung von ›Schonungen‹, ›Naturschutzparks‹ dort, wo die Anforderungen des Ackerbaues, des Verkehrs und der Industrie das ursprüngliche Gesicht der Erde rasch bis zur Unkenntlichkeit zu verändern drohen...Alles darf darin wuchern und wachsen, wie es will, auch das Nutzlose, selbst das Schädliche.«

Die Destruktivität des virtuellen Erfolgs

Tagträume gewinnen in Pubertät und Adoleszenz die größte Macht. Sie schwinden in der normalen Entwicklung, wenn wir in das Erwachsenenleben eintreten und sexuelle Befriedigung oder beruflichen Erfolg nicht nur imaginieren, sondern selbst erleben. Sie bereiten die seelische Reife vor. Tagtraumwelten von 1950 und 2010 sind ähnlich und unterschiedlich zugleich. Beide beruhen darauf, dass ein Zweig der Unterhaltungsindustrie, in dem erwachsene Autoren nach Phantasien von Heldentum, Gewalt, Liebe und Abenteuer greifen, von Kindern und Jugendlichen aufgegriffen wird, um sich aus einem Alltag zurückzuziehen, der trivial, von Leistungszwängen kontrolliert und von Gefühlen dramatischer Unterlegenheit geprägt ist. Ein Elfjähriger würde auch gerne herrschen, unterwerfen, siegen – aber er ist Eltern unterworfen, in der Schule von Niederlagen bedroht, immer in Gefahr, von jemandem blamiert zu werden, der größer ist.

Wenn dieser Elfjährige sich mit Wunderwaffen ausrüstet und Helden rettet, wenn er heute in den Egoshooter-Spielen seines PC durch finstere Labyrinthe zieht und mit einer handlichen Maschinenkanone einen monströsen Angreifer nach dem anderen erledigt, hat er in seinem Tagtraum Möglichkeiten, die ihm in der Realität mangeln. Es ist ein Ausgleich, Freizeit.

Betrachten wir eines der beliebtesten Gruppen-Kampfspiele der Computerwelt, die im Zusammenhang mit dem Amoklauf von Erfurt im April 2002 ins Gerede kamen: Counterstrike. Inhalt dieses Spieles, das es in zahllosen Versionen gibt (manche stehen kostenlos im Internet), ist der Kampf zwischen Terroristen (T) und der Antiterroreinheit (»Counter-Terroristen«, CT). Jede der beiden Gruppen hat die Aufgabe, die jeweils andere Gruppe an der Erfüllung des ihr erteilten Auftrags zu hindern, was in der Regel bedeutet, möglichst viele Feinde zu töten. Wer Gegner auslöscht, erhält Punkte sowie Geld.

Wie die Amokläufer von Erfurt und Winnenden hatte auch der Täter von Emsdetten Counterstrike gespielt. Bizarr mutet an, dass er seine eigene Schule als virtuelles Counter-Strike-Level programmierte. Der Täter in Oslo war nicht nur älter als die anderen, er versuchte auch den islamischen Terrorismus durch einen Doppelschlag nachzuahmen. Wie die anderen hat er süchtig am Computer das Töten gespielt und sich in seiner autobiographischen Suada wie den Helden eines solchen Spiels beschrieben:

»Wenn ich dann loslege«, so räsoniert er in der wirren Vermischung von realer und Spiel-Szenerie über den Ablauf seiner Attentate, »dann werde ich wohl zu Gott beten, während ich durch die Straßen renne, im Visier der Gewehre, die auf mich zielen, verfolgt von bewaffneten System-Schützern, die versuchen werden, mich zu stoppen und/oder zu töten. Ich habe eine 70-Prozent-Chance, mein erstes Ziel zu erreichen, eine 40-prozentige für das zweite, 20 Prozent für das dritte. Und weniger als fünf Prozent, um mein Bonus-Level zu erreichen. Ich vermag jetzt nicht zu sagen«, so notiert er abschließend, »in welcher mentalen Verfassung ich während der Operation sein werde. Ich werde im Ephedrin-Rausch sein, der meine Aggressivität erhöht. Ich werde dabei meinen iPod auf volle Lautstärke stellen und vermutlich ›Lux Aeterna‹ von Clint Mansell in einer Endlosschleife hören.«[26]

Breivig nannte *Modern Warfare 2* seine wichtigste Trainingshilfe. Darin geht es um ein Flughafenmassaker, dessen Details – vor allem die massenhafte Erschießung von Zivilisten – gleich nach der Einführung des Spiels und lange vor dem Massenmorden in Norwegen für heftige Diskussionen unter den Spielern sorgte.

Wenn ich moderne Spielanweisungen lese und deren Waffenarsenale studiere, fallen mir neben den Differenzen auch Ähnlichkeiten zu meinen Tagträumen auf. Auch mich beschäftigte die Möglichkeit, Menschen schnell und wirksam zu töten, um dadurch selbst zu überleben. Auch in meinen Träumen spielte es eine wichtige Rolle, die »Guten« zu retten – wie im Fall der Geiseln, welche in den Counterstrike-Maps von den Terroristen gefangen gehalten werden. Was mir damals als Denkmöglichkeit fehlte war die Vorstellung einer *Parteinahme für die böse Seite.*

In *Counterstrike* kann der Spieler wählen, ob er als Terrorist oder als Angehöriger der Polizei-Sondereinheit zur Terrorismusbekämpfung auftritt, ob er Bomben legt oder Bomben entschärft, Geiseln festhält oder befreit. Das scheint mir der zentrale psychologische Wandel seit 1952.

Tagtraum und Computerspiel funktionieren am besten, wenn die kritische Distanz zur Phantasietätigkeit noch nicht vollständig entwickelt ist. Sie fordern einerseits die volle rezeptive Intelligenz der Pubertät, anderseits aber auch die leichte Beeindruckbarkeit und die zwischen Realität und Phantasie verschwimmenden inneren Grenzen des Kindes.[27]

Im Alter von 17 Jahren entdeckte ich, dass ich auf ganz neue Art mich selbst zum Gegenstand von Überlegungen machen konnte. Es war ein triumphales Erlebnis, das ich mir so deutete, dass ich erst jetzt begänne, *wirklich* zu denken. Um diese Zeit verblassten meine Tagträume. Sie entlasteten und trösteten mich nicht mehr, aber ich fand andere Wege. Heute lese ich in den Grundlagentexten der Neuropsychologie, dass in diesem Alter das menschliche Stirnhirn reift; eine der Folgen dieses Prozesses ist der Verlust der Kindheit.

Ich begann mich über Mängel meiner Person mit dem Gedanken zu trösten, dass ich zwar kalendarisch siebzehn, geistig aber kaum ein Jahr alt sei; meine Zukunft liege ganz vor mir, wenn ich erst ein paar Jahre die neue Funktion geübt hätte, wäre ich Herr über mein Leben, kindischen Ängsten, Abhängigkeiten und Albernheiten völlig enthoben, zu denen ich auch die Tagträume rechnete.

Wenn wir eine Veränderung subjektiv erleben *und* objektivierend begründen können, finden wir diese Erklärung befriedigender als die aus dem subjektiven Kontext oder der objektiven Analyse alleine. Wer sich an die eigene Jugend erinnert, kann mit dem neurophysiologischen Modell vom reifenden Stirnhirn genauso gut etwas anfangen wie mit einer Betrachtung der geistigen und sozialen Einflüsse, die ihn damals trafen.

Da aber Wissenschaftler und von Wissenschaft Betroffene als Menschen miteinander rivalisieren und danach streben, einander zu übertrumpfen, begegnen wir oft einer These, welche in meinem Beispiel die Veränderungen *allein* dem reifenden Stirnhirn zuschreiben möchte. In Wahrheit ergibt sich jedes Erleben aus dem Zusammentreffen von Umwelteinflüssen mit nervösen Veränderungen.

Der Brunnen unserer Nervenverbindungen ist ebenso unergründlich wie der *Brunnen der Vergangenheit*, von dem Thomas Mann in »Joseph und seine Brüder« spricht: Wie praktisch bedeutsam solche integrativen Modelle sind, zeigt sich an dem aktuellen Streit über eine Verhaltensstörung, die als Aufmerksamkeitsdefizit-Syndrom (ADS) beschrieben wird.

Auf einen schlichten Nenner gebracht, sieht der Konflikt so aus: Neurologen und Vertreter der Pharmaindustrie sprechen von genetisch bedingten, geringfügigen Gehirnfunktionsstörungen, die vorwiegend mit Medikamenten behandelt werden sollten. Pädagogen und Psychologen betonen eher Erziehungsdefizite und Störungen der Eltern-Kind-Beziehung. Sie empfehlen Förderkurse und Familientherapie. Waldorfpädagogen behaupten, dass es in anthroposophischen Schulen den »Zappelphilipp« nicht gibt.

Während die Erbe-Umwelt-Debatte sich theoretisch längst in dem Bild der Ergänzungsreihe aufgelöst hat und die populären Entweder-oder-Fassungen wissenschaftlich nicht haltbar sind, fordert die Praxis Entscheidungen. Wollen wir ADS durch Medikamente oder durch Psychotherapie behandeln?

Behandlungen wirken nicht nur auf die nervösen Strukturen, sondern auch auf das Selbstgefühl. Es ist ein Unterschied, ob ich mich als krank und der Zufuhr eines chemischen Stoffes bedürftig erlebe oder als Person, die vor der Aufgabe steht, Ziele zu erreichen.

Medikamente enthalten Gesten der Entlastung, der Versorgung, der Teilhabe an einem wissenschaftlich-technischen Fortschritt. Früher musste das Subjekt unter seinen Mängeln leiden; heute hat es eine Chance, sie zu kompensieren, wie der Diabetiker oder der Hochdruckkranke. Die negativen Gesten der Medikation sind die Vorstellung, mit schlechteren Anlagen ausgestattet zu sein als andere, abhängig zu werden von einem Arzt oder einem Apotheker, Nebenwirkungen durch eine vielleicht gefährliche Chemikalie in Kauf nehmen zu müssen.

Die genetischen Modelle wecken eher Passivität oder Wünsche nach einer am Körper ansetzenden Behandlung; die psychodynamischen Aktivität mit dem Risiko einer Überforderung der hilfreichen Möglichkeiten von Lernen, Übung und Einsicht.

Die Frage, ob sich die »Neurosen« in der modernen Gesellschaft geändert haben und weiter ändern, hängt mit solchen Gesichtspunkten zusammen, geht aber auch über sie hinaus. Wenn wir ein eindeutiges, über die Jahre hin stabiles Kriterium haben, das eine Diagnose sichert, können wir solche Veränderungen in Krankheitsbildern zweifelsfrei machen. Da dieses bei den Neurosen fehlt, können wir Eindrücke sammeln und versuchen, plausible Erklärungen zu finden.

Der Eindruck vieler Forscher ist, dass Konzentrationsschwierigkeiten sehr zugenommen haben, seit der Bildschirm für die meisten Kinder zur Selbstverständlichkeit wurde. Parallel dazu gibt es Statistiken, die dokumentieren, dass die Konzentrationsleistungen und die Schulnoten umso schlechter werden, je mehr Zeit ein Kind oder ein Jugendlicher vor dem Bildschirm verbringt. Das ist plausibel, denn Fernsehen und Computer fördern etwas, dass sich als optisch-orale Regression beschreiben lässt.

Die Bildschirmwelten sind ein dem Äther abgerungener Tagtraum, eine Show, die nicht nur vor dem inneren, sondern auch vor dem äußeren Auge beschworen wird. Das verändert die Situation gegenüber dem Tagträumer in zweifacher Hinsicht. Der kindliche Medienkonsum fällt auf, andere mischen sich ein: Eine Minderheit von Eltern sucht, den Bildschirmkonsum zu reduzieren; die Anbieter von Bildschirmwelten hingegen stehen in einer heftigen Konkurrenz, wie sich die Aufmerksamkeit fesseln lässt.

Das führt zu Folgen, die wir gegenwärtig eher ahnen als kennen. Junge Männer auf dem Höhepunkt ihrer körperlichen Fitness und geistigen Leistungsfähigkeit verhalten sich wie Schlafwandler, die zu Bösem erwacht sind. Sie sind physisch reif genug, um sich Schusswaffen zu besorgen und mit diesen virtuos zu hantieren, können aber ihre eigene Rolle weder reflektieren, noch sich in ihre Opfer einfühlen.

Müssen wir das darauf zurückführen, dass die mediale Welt inzwischen begonnen hat, die neuronale Entwicklung zu beeinflussen? Wir wissen, dass sich unser Gehirn nicht nach einem inneren Gesetz quasi in dem geschlossenen Raum der Schädelkapsel entwickelt. Unsere Sinnesorgane sind Hervorstülpungen der Nervenzellen des Gehirns. Sie schaffen Brücken zur Umwelt, regelrechte Datenautobahnen. In dem intensiven Verkehr auf diesen Brücken schafft das Gehirn sich seine Welt, umgekehrt aber schafft diese Welt sich auch ihr Gehirn. Die experimentellen Befunde laufen darauf hinaus, dass alle intensiven Einflüsse auf das kindliche Nervensystem mehr oder weniger nachdrückliche, mehr oder weniger lang haftende Veränderungen hinterlassen.

In diesen Prozess haben sich heute Dritte auf eine früher unvorstellbare Weise eingeschaltet: die Architekten und Programmierer virtueller Welten. Klein haben sie im Stummfilm angefangen; inzwischen ist ihnen fast nichts mehr unmöglich. Sie können uns derart in Zauberschlösser oder auf fremde Planeten versetzen, dass wir begeistert alle kritischen Einwände fallen lassen, das sei doch nicht wahr und nicht wirklich. Wir sind überwältigt von einem Rausch der Sinne, sich diesen technisch inszenierten, mit schönen, dramatisch agierenden Menschen gefüllten Bildern hinzugeben.

Durch die während der letzten dreißig Jahre selbstverständlich gewordene, permanente Rückmeldung über die Quote im Fernsehen, den Umsatz im Bildschirmspiel ist ein Selektionsprozess entstanden, in dem die neuronalen Muster des Sehens und der Aufmerksamkeit das Programm prägen und umgekehrt das Programm die Sehgewohnheiten. Es gibt eine beschleunigte neuromediale Evolution, deren grenzenlose Bilderräusche bis hin zur Dreidimensionalität wir staunend beobachten, ohne ihre Folgen für das Nervensystem der Zuschauer zu kennen.

Sind auf diesem Weg Störungen wie ADS entstanden? Es wirkt plausibel. Das Syndrom des Aufmerksamkeitsmangels wird nur dort beschrieben, wo die Macht der optischen Medien dominiert. Vor dem Bildschirm sind viele ADS-Kinder ruhig. Da der Unterricht in der Schule oder die elterliche Aufforderung, endlich Hausaufgaben zu machen, den Bildschirmkonsum stört, reagieren die Betroffenen darauf mit Unruhe, Gereiztheit, schlechter Laune und Aggressivität.

Virtuelle Welten kanalisieren gegenwärtig die Phantasie. Kinder haben keine Tagträume mehr, in die sie sich zurückziehen, sondern einen Bildschirm, der das sozusagen besser kann. Sie beschäftigen sich mit diesem und wehren sich gegen Versuche der Eltern, den Konsum reduzieren.

Damit wird die Entwicklung der Fähigkeiten zur Reflexion und zur Empathie behindert, verzögert oder in extremen Fällen unterdrückt. Wenn sie unter ungünstigen Bedingungen aufwachsen, geraten Kinder und Jugendliche in einen Teufelskreis. Weil der Bildschirm soviel Energie absorbiert, werden Schule und Freunde immer uninteressanter; schlechte Noten und uninteressierte Kameraden vertiefen dann die Bildschirmabhängigkeit. Manche Kinder und Jugendliche verbringen nahezu ihre gesamte Freizeit vor dem Bildschirm und entwickeln eine Virtuosität in den Spielen, von der ihre Eltern nichts wissen.

Jüngst saß die Mutter eines inzwischen 19-jährigen ADS-»Kranken« bei mir in einer Therapiestunde, als ihr Handy musizierte. Mit einem verlegenen Lächeln identifizierte sie ihren Sohn als den Anrufer und erklärte ihm, sie sei gerade beschäftigt und wolle nicht gestört werden. Dann hörte sie ihm eine Weile zu, nickte, sagte dasselbe noch einmal etwas nachdrücklicher und beendete das Telefonat. Nach zehn Minuten kam der nächste Anruf, der ähnlich ablief; sie sagte mir jetzt, sie sei mit ihrem Sohn in einem Biergarten verabredet, dort gebe es nur bis acht Uhr etwas zu essen und er habe Sorge, dass sie zu spät eintreffe.

Der Sohn rief noch ein drittes Mal an. Jedes Mal wurde ihm mitgeteilt, sie sei gerade in einer wichtigen Besprechung. Aus der Vorgeschichte wusste ich, dass die Mutter sich früh vom Vater des Kindes getrennt hatte; der Sohn wuchs bei den Großeltern auf. Die Mutter bemühte sich, immer erreichbar zu sein, um ihrem Kind einen weichen Teppich auszurollen; gleichzeitig brach sie oft in Wut oder

Tränen aus, wenn ihr diese Hingabe nicht gedankt wurde. ADS gab dieser Dynamik einen Namen.

Die Ablösung des Adoleszenten von den Eltern durch die Identifizierung mit einer aus dem eigenen Inneren geschöpften Gestalt misslingt. Die Eltern werden in verwirrenden Mischungen als Tankstelle und Versorgungszentrum gesucht, gleichzeitig aber auch als Spießer oder Geizhälse entwertet: XY kriegt alles von seinen Eltern und sie setzen ihn gar nicht unter Druck!

Als Ideal einer gelassenen Leistungsbereitschaft habe ich schon den Ausspruch Wilhelms von Oranien zitiert: »Ich brauche nicht die Hoffnung, um zu beginnen, noch den Erfolg, um fortzufahren.« Der Spruch wendet sich gegen eine regressive Haltung, die in der heroischen Geste unterdrückt wird: »Ich brauche Sicherheit, um zu beginnen, und sofortigen Erfolg, um fortzufahren.« So lässt sich die Leistungsbereitschaft der Fernsehkinder beschreiben.

Engagierte Eltern leiten aus den Hinweisen über die Schäden durch den Bildschirmkonsum die pädagogische Forderung ab, ihre Kinder möglichst lange vor diesen Gefahren zu schützen. Andere sparen sich diese Aktivität; sie sehen selber fern und nutzen nach Lust und Laune den Computer. Die Kinder, denken sie, müssen selbst lernen, wie sie mit diesen Techniken umgehen und ihr eigenes Gleichgewicht zwischen Bildschirm und haptischer Realität finden.

Nur ideologisch gefestigte Personen (wie Waldorfpädagogen im Anti-Bildschirm-Lager und die Lobby der Medienindustrie auf der anderen Seite) behaupten, sie wüssten genau über Schaden und Unschädlichkeit Bescheid. Die Fakten über die Entwicklungsdefizite der extremen Bildschirmkonsumenten sind nicht wegzudiskutieren, aber sie fundieren keine pädagogische Strategie. Viele Kinder

114

und junge Erwachsene verlieren auch nach heftigem Konsum von Bildschirmreizen die Lust an diesen Ersatzwelten und wenden sich wieder der Realität zu, engagieren sich im Sport oder in eine von ihnen gewählten Aufgabe.

Könnte es sein, dass junge Menschen durch den Schund, den sie sich zuführen, eine ähnliche Immunität entwickeln können, wie Kinder auf einem Bauernhof seltener an Asthma oder Neurodermitis erkranken, weil sie dort mehr Kontakt mit Schmutz und Parasiten haben? Verlassen können wir uns auf eine solche Entwicklung so wenig, wie ein nachdenklicher Mensch den Verzicht auf Hygiene als Behandlung kindlicher Allergie empfehlen wird.

Wichtiger als die Zahl der vor dem Bildschirm verbrachten Stunden ist in jedem Fall der Kontakt zwischen den Erziehern und dem Kind. Überzeugungsarbeit und Vereinbarungen scheinen mir wirksamer als strikte Verbote. Ob Vielfernseher durch das Medium allein geschädigt sind oder eher dadurch, dass ihre Eltern ihnen zu wenige Alternativen anbieten, geht aus den Statistiken nicht hervor.

Nachdem eine Kadettin des Schulschiffs Gorch Fock tödlich verunglückt war, beklagte der Kapitän, dass moderne Jugendliche die Zeit vor dem Bildschirm verbringen, in der er noch auf Nachbars Kirschbäume kletterte. Sie können keine Klimmzüge mehr und sind selber schuld, wenn sie aus der Takelage fallen.

So einfach sollte man es sich mit den Erklärungen nicht machen. Ob ein Kind in Bäume klettert oder vor dem Bildschirm sitzt, wird nicht allein durch die Verfügbarkeit von beidem bestimmt. Zum Klettern taugliche Bäume sind zwar in der Großstadt selten geworden, aber die Zahl der Kletterwände in den Turnhallen hat zugenommen. In dem einen Kind wächst unter der Langeweile des Bildschirmsitzens die Kletterlust, in dem anderen sinkt das Bewegungsbedürfnis.

6. Balanceakte –
Kompetenzen entwickeln

Gut ist besser als perfekt

Die Durchschnittsphobie fiel mir das erste Mal im Gespräch mit einem Manager auf. Er schilderte sich als zurückgezogenes, stilles Kind, das am liebsten im Sandkasten hinter dem Haus spielte, als typischen Spätentwickler. Er sei ein erbärmlich schlechter Schüler gewesen. Während des Studiums sei er aufgeblüht und habe summa cum laude promoviert.

Ähnlich sei er auch in der Firma zuerst gar nicht gut angekommen. Aber nach einigen Jahren habe er alle durch seine Erfolge so verblüfft, dass ihn der jetzige Aufsichtsratsvorsitzende für das Vorstandsamt aussuchte. Jetzt seien alle von ihm enttäuscht, das mache ihm schrecklich zu schaffen.

Er hatte in seiner Vorstandstätigkeit eine ähnliche Entwicklung vom Aschenputtel zur Prinzessin erwartet. Obwohl er die objektiven Hindernisse und die emotionalen Spannungen im Führungsteam intellektuell erfassen konnte, gelang es ihm nicht, seinen eigenen Beitrag in der Führung des Unternehmens realistisch einzuschätzen. Er konnte nicht wahrnehmen, dass er seine Sache weder exzellent noch miserabel machte, sondern durchaus angemessen.

Die Rede vom miserablen Schüler und vom exzellenten Studenten schien mir diese Situation vorwegzunehmen. Ich fragte ihn, was er denn für Schulnoten gehabt habe.

»Schlechter als befriedigend war ich nie«, sagte er.

Die Phantasie, ganz anders zu denken, zu fühlen, in den Urlaub zu reisen oder sein Sexualleben zu pflegen als der Durchschnitt ist völlig normal, sozusagen durchschnittlich, ein wesentlicher Bestandteil der seelischen Ausrüstung des individualisierten Menschen. Diese Illusion wird in der Reiseindustrie sozusagen am Fließband produziert. Touristen sind die vielen wie ich, die meine Individualreise stören.

Die Angst, »normal« im Sinn von durchschnittlich zu sein, ist ein ganz wesentliches Hindernis im Dranbleiben. Dranbleiben ist realitäts- und aufgabenbezogen. So lange ich in einer Tätigkeit aufgehe ist die Frage nach »Durchschnitt« oder »Spitzenleistung« belanglos. Es geht darum, die Sache zu machen. Professionelle Arbeit ist an Normalität orientiert. Das Ergebnis soll den Regeln der Handwerkskunst entsprechen, nicht mehr und nicht weniger. Perfektion ist etwas für Marktschreier; wo sie laut verkündet wird, wächst eher der Verdacht, dass da jemand seine Unfähigkeit zu ordentlicher Arbeit vertuscht.

Die Konsumgesellschaft ist voller Pseudoperfektion. Sie generiert unsinnige Vergleiche und hat die Taktik frommer Einrichtungen perfektioniert, in denen erst Sündhaftigkeit eingeredet und dann Erlösung versprochen wird. Die Wurzel des Perfektionismus in der Kompensation von Ängsten lässt sich an den Listen verdeutlichen, auf denen Magazine die, sagen wir, *besten Chirurgen* Deutschlands »ermittelt« haben.

Wer eine Gallenoperation benötigt und sich fürchtet, an einen unfähigen Arzt zu geraten, nimmt weite Reisen, Wartezeiten und zusätzliche Kosten in Kauf, um sich von dem besten Chirurgen der Ratingskala behandeln zu lassen. Der Eingriff selbst würde von dem bewährten Facharzt, der im Krankenhaus nebenan arbeitet, nicht anders durchgeführt als von dem Lehrstuhlinhaber, der zwanzig

Studien zu dem Thema veröffentlicht hat. Wunden heilen nicht schneller, wenn der Professor operiert, aber man hat etwas getan gegen die Angst vor der Operation.

Mediziner, denen ich an diesem Beispiel den Zusammenhang zwischen Angst und Perfektionismus erläutere, reagieren fast einhellig mit der Vermutung, dass der verunsicherte Kranke bei dem Spitzenchirurgen mehr Komplikationen hat als bei dem namenlosen Facharzt. Universitätskliniken, sagen sie, nehmen Forschung ernster als Kranke und haben, was den Heilerfolg angeht, nicht den besten Ruf. Das kann ein Vorurteil sein, dem Kontrast zwischen Erwartungen und Ergebnissen geschuldet. In jedem Fall aber ist jeder gelungene und geheilte Eingriff gut genug. Das Streben nach Perfektion erbringt keinen zusätzlichen Wert.

Eine Sache um ihrer selbst gut zu machen stabilisiert die Freude an der Tätigkeit, weil jeder einzelne Schritt wichtig ist und dazu gehört. Es geht nicht darum, jemanden zu übertreffen. Die Aufgabe muss erfüllt werden, basta. Wer sich für sein Handwerk interessiert und in Ruhe seine Arbeit leisten will, hat mehr freie Energie und daher auch Aussicht auf Erfolg als der Perfektionist, der sich in jedem Augenblick beweisen möchte, wie weit er über dem Durchschnitt liegt.

Wer sich eine Weile mit dem Perfektionisten beschäftigt und versucht, ihn von seinem Anspruch zu heilen, gerät in ein Dilemma. Er hat den Eindruck, dass alle guten Ratschläge und mäßigenden Empfehlungen nicht so richtig greifen wollen, obwohl der Perfektionist doch alles einsieht und sich wirklich bessern will.

Wenn beide sich dann ein wenig zurücklehnen und entspannen, fällt ihnen vielleicht auf, in welche Falle sie geraten sind.

Sie haben versucht, den Perfektionismus vollkommen zu überwinden.

Warum Erfolgsdruck ins Risiko führt

Heute erkennen wir zögernd, dass wir nicht nur aus soziologischer, sondern auch aus psychologischer Sicht in einer *Risikogesellschaft*[28] leben.

Die psychologischen Risiken lassen sich mit einem Zangenangriff gegen die Kränkungsverarbeitung vergleichen:

1. Es werden mehr idealisierte Erwartungen produziert. Sie wachsen mit jedem Angebot einer Prothese. Jedes Konsumniveau fixiert sich. Erniedrigung dieses Konsumniveaus erniedrigt auch das Selbstgefühl. Wer lange Zeit Oberklasse gefahren ist, fühlt sich erniedrigt, wenn er in einen Kleinwagen steigen soll, den wiederum als Luxus empfindet, wer bisher durch Wind und Wetter radeln musste.

2. Es werden weniger konstruktive Formen der Kränkungsverarbeitung eingeübt. Die technischen Entwicklungen führen dazu, dass sich die Handarbeit reduziert. Sinnliche Beziehungen zwischen Mühe und Erfolg verschwinden. In virtuellen Räumen wird der *Spieler* zum Vorbild. Wer einen *Glücksgriff* macht, verdient mühelos das *große Geld*. Die *handwerkliche* Qualität, sich einem Ziel in sinnlichen, Seele und Körper gemeinsam fordernden Schritten allmählich, von Ruhepausen unterbrochen zu nähern, ist an Bildschirmarbeitsplätzen verschwunden.[29]

Diese fördern manische Phantasien von einer gigantischen Ausweitung des eigenen Nervensystems und damit eng verknüpft auch depressive Zusammenbrüche. Die virtuelle Realität duldet keine Übergänge und Annäherungen. Sie arbeitet nach dem Alles-oder-nichts-Prinzip. Daher fällt es den Arbeitern der Postmoderne auch so schwer, den Mittelweg zwischen Workaholic und Penner zu finden. Der Penner ruht in sich, denn er kann nicht mehr tiefer fallen; der Arbeitssüchtige hingegen glaubt, in dem Augenblick zum Penner zu werden, in dem er in seinen rastlosen Bemühungen innehält.

Wenn ich den hoch qualifizierten, mehrsprachigen Projektnomaden gegenüber sitze, die schon vor ihrem dreißigsten Geburtstag in einer der global aktiven Unternehmensberatungen arbeiten, empfinde ich – gleichviel, ob ich den Auftrag eines Coaches oder den des Therapeuten habe – eine Mischung aus Zorn und Mitleid.

Sie arbeiten oft mehr als zwölf Stunden am Tag. Ihre wichtigsten Entspannungsquellen sind die Minibar in ihrem Hotelzimmer und, inzwischen auch bei Frauen, www.youporn.com. Ihr zentrales Ziel, hinter dem der Horizont abbricht wie im mittelalterlichen Weltbild die Erdscheibe, ist der Abschluss des Projekts. Sie vertrödeln keine Zeit, aber sie finden auch zu keinem Rhythmus, in dem sie das, was sie tun, gerne und um seiner selbst willen machen. Es geht ausschließlich darum, fertig zu werden.

Sie leben sozusagen ständig in der Phase, in der ein Aufschieber die Arbeit unter eigentlich unzuträglichen, »unmöglichen« Bedingungen doch noch schafft. Für eine Familie haben sie keine Zeit; sie wissen auch nicht, wohin sie das nächste Projekt verschlägt.

Perfektionismus wird in Beratungsfirmen zum Werbeargument. *Wir garantieren, dass wir euch erfolgreicher ma-*

chen. Im nächsten Jahr sieht die Bilanz positiver aus. Alles andere lässt sich sowieso nicht voraussehen. Der finanzielle Erfolg wird zum Zweck, der alle Mittel heiligt – verdiente Mitarbeiter sollen gekündigt werden (sie sind teurer als neue), Standorte in die dritte Welt verlegt (dort gibt es keine Gewerkschaft und die Firmenimmobilie im Stadtzentrum lässt sich teuer verkaufen), Roboter aufgestellt (sie streiken nicht und werden nicht krank).

Auch die neu bemalte potemkinsche Kulisse ist kein Ort, wo Menschen leben und arbeiten können. Sie verzehrt Energie, die besser für stabile, zukunftsfähige Strukturen aufgewendet wäre. In der ausgelagerten Produktion fehlen die qualifizierten Mitarbeiter für Forschung und Entwicklung. Die Roboter arbeiten perfekt, aber nach zwei Jahren will niemand mehr das kaufen, was sie machen können, – und die Roboter will auch niemand haben. Das Familienunternehmen ist insolvent. »Unsere Vorschläge waren perfekt auf die damalige Produktivität zugeschnitten«, erklärt die Beratungsfirma, »leider haben die Gesellschafter nach zwei Jahren unser Angebot ignoriert, ein weiteres Projekt durchzuführen.«

Dass wir mehr Unternehmer brauchen, die stolz auf ihre Firma sind, aber weniger Unternehmensberater, die nach absolviertem Projekt das Weite suchen, ist eine Binsenweisheit. Sie verrät das Problem darunter, wie ein Verband die Wunde: Die Manager, welche nach dem Unternehmensgründer das Regiment übernehmen, scheuen die Verantwortung. Die Globalisierung macht Angst; daraus erwächst ein Klima des Perfektionismus. Berater nützen diese Ängste, sind ihnen aber auch unterworfen. Sie müssen Illusionen aufbauen und kurzfristige Erfolge versprechen, sonst macht ein anderer ihr Geschäft.

Die Mühen und Freuden der Ebene

Die Rede vom Durchschnitt hat den Vorzug, nichts zu beschönigen. Sie versäumt aber eine wesentliche Qualität: die Beweglichkeit, welche den Menschen erst befähigt, sich hoch gespannten Zielen übend zu nähern. Für den Perfektionisten ist der Durchschnitt vor allem deshalb so abscheulich, weil er in ihn genau dieselbe Starre und Kälte projiziert, die seine eigenen Zielvorstellungen kennzeichnet.

Schöner, wenngleich ebenfalls in der Erlebniswelt des Narzissmus mit Scham besetzt, sind Begriffe wie Mittelweg oder Mittelmaß. Sie werden dem realen Umgang mit Zielen eher gerecht als der Durchschnitts-Begriff, der an sich nur im Zusammenhang mit Messungen Sinn macht. Max ist der beste Kastaniensammler, Moritz der schlechteste. Wenn wir ihre Leistungen zusammenzählen und durch zwei teilen, kommen wir auf einen fiktiven Durchschnitt. Dieser wird, wenn wir die Leistungen der 30köpfigen Schulklasse zusammenzählen und durch 30 teilen, wahrscheinlich dem realen Durchschnittswert nahe kommen.

Der Mittelweg öffnet Spielräume, erschließt Handlungsmöglichkeiten und meidet gefährliche Extreme. Sein Wesen sind Flexibilität und der Abstand von starren Grenzen. In einer solchen Betrachtungsweise nähern wir uns einer dynamischen Auffassung des Ideals. Richtig ist nicht der Gegensatz von falsch, sondern die Fähigkeit, Abstand von Extremen zu halten.

Viele komplexe Fertigkeiten erlernen wir auf diese Weise. Wir haben sie nicht von Anfang an, wir gewinnen sie nicht, indem wir das Richtige tun und das Falsche lassen. Wir finden sie und üben sie ein, indem wir den Mittelweg zwischen zwei Fehlern sicherer finden. Das gilt für den Geigenspieler so gut wie für den Segler, den Autofahrer oder den Erzieher.

Der richtige Ton liegt dort, wo Töne in einem Kontinuum gesucht und nicht (wie beim Klavier) durch Tastendruck fabriziert werden, stets zwischen zwei falschen. Der richtige Kurs des Seglers liegt beim Kreuzen zwischen Luv und Lee; er darf weder zu sehr in den Wind steuern, noch aus dem Wind. Ein Auto lernen wir zu lenken, indem wir den Straßengraben ebenso meiden wie die Gegenfahrbahn.

Kinder gedeihen am besten unter einem Regime der optimalen Frustration: Wir müssen ihnen abnehmen, was sie entmutigt, und ihren Mut wecken, indem wir ihnen nicht abnehmen, was sie selbst leisten können. Männer haben manchmal den Eindruck, dass ihnen ihre Frauen nur die Wahl lassen zwischen Macho und Softie. Auch hier fahren sie am besten, wenn sie keines dieser Extreme anstreben, sondern einen mittleren Kurs finden, in dem sie weder ihre eigenen noch die Gefühle ihrer Partnerinnen unterdrücken.

Die abschätzige Qualität von Mittelweg und Mittelmaß entsteht, wenn einer der beiden Pole, die es eigentlich zu meiden gilt, idealisiert wird. Der Macho ist kein Mann mit Stärken und Schwächen, sondern Superman auf einem Planeten ohne Kryptonit.[30]

Sobald wir konsequent über den Weg nachdenken und nicht alle Aufmerksamkeit und Energie auf das idealisierte Ziel richten, werden die Mühen und Freuden der Ebene greifbar. Auch wer übt, um irgendwann der Beste zu sein, wird dieses Ziel nur erreichen, wenn er immer wieder in der Lage ist, sich für eine mittlere Leistung durch Entspannung, Ausruhen und Selbst-Anerkennung zu belohnen. Nur in der Ebene, nicht auf dem Gipfel findet er die meditative Qualität der Übung seiner Kunst.

Tage, an denen nichts Besonders geschieht, nichts Überragendes geleistet wurde, als lohnend und erfüllt zu erleben, das können nur Menschen, die es nicht nötig haben, Ängste vor Bedeutungslosigkeit manisch abzuwehren. Die Nähe zu der unfassbaren Komplexität des eigenen Lebens ermöglicht es ihnen, anzunehmen, dass Gutes auch geschehen kann, wenn nichts Besonders sichtbar wird.

Wer sich ärgert, weil Tage und Wochen ohne Höhenflüge vergehen, geht schlecht mit seinen Kräften um. Er ist undankbar gegenüber dem, was er leisten kann und was er sofort zu schätzen wüsste, wenn ihm eine Erkrankung die Fähigkeit rauben würde, sein mittelmäßiges Leben weiter zu führen. Ihn motivieren aber in der Regel nicht Torheit oder grenzenloser Ehrgeiz, sondern die Angst, er dürfe es sich überhaupt nicht gut gehen lassen, solange er nichts besonderes geleistet hat.

Im Gegensatz zu Höchstleistungen, die uns nur ausnahmsweise gelingen, sind die regressiven Freuden des Alltags jedes Mal überwältigend, wenn wir uns ihnen hingeben. Der Genuss von Liebe und gutem Essen ist keinem Preisgericht unterworfen; die Goldmedaille können wir uns hier selbst verleihen. Indem wir das tun, verleihen wir sie auch denen, mit denen zusammen wir genießen.

Die manische Abwehr will uns demgegenüber weismachen, dass es erst nach dem grandiosen Sieg Zeit für einen dann ebenso grandiosen Genuss sei, während der Genuss von heute, nach einem banalen Tag ohne besondere Erfolge, absolut unangebracht sei. Sie sagt: Ihr dürft nicht aufhören, den erschöpften Gaul kurz vor dem Ziel weiterhin gründlich mit Peitsche und Sporen anzutreiben.

In Beziehungen kann die Verbindung von Durchschnitts- und Genussvermeidung in recht kurzer Zeit aus Höhenflügen Höllenfahrten machen. Wer sich nur dann wohl fühlt, wenn »alles stimmt« in der Beziehung, wenn Konflikte und Missstimmungen genau nach seinen Vorgaben geklärt wurden, beraubt sich und seinen Partner der Möglichkeit, sich in einem periodischen Vergessen von Leistung und Problemlösung zu regenerieren. Hier wird das vermeintlich Bessere zum Feind des lebenswichtigen Guten.

»Diese Oase«, sagte das Kamel, »ist mir nicht gut genug! Ich will meinen Durst lieber noch eine Weile ertragen, als ihn an diesem minderwertigen Ort zu stillen!«

Und es zog weiter, in die Wüste hinein. Der Durst wuchs. Endlich kam eine Oase in Sicht. Das Kamel musterte sie.

»Diese Oase«, sagte es, »ist noch viel erbärmlicher als die vorherige. Ich muss weiterziehen, auch wenn ich den Durst kaum ertrage!«

Absicht und Wille – der Vorteil langsamer Annäherungen

> »Ich bin voller Argwohn und Bosheit gegen Das, was man ›Ideal‹ nennt … Man täuscht sich jedesmal, wenn man einen ›Fortschritt‹ von einem Ideal erwartet; der Sieg des Ideals war jedesmal bisher eine retrograde Bewegung.«[31]

Wer den Bogen nicht kräftig spannt, wird keinen Pfeil ins Ziel bringen. Wer ihn überspannt, zerbricht ihn. Dieses Problem hat die Menschen immer wieder beschäftigt. Es gehört zu dem skizzierten Dilemma, dass es keine glatte Lösung gibt. Wer den Bogen schont, muss mit dem Zweifel fertig werden, dass er mit Risikofreude mehr erreicht hätte.

Wem er in den Händen zerbricht, der muss sich vorwerfen, dass er durch seinen Eifer scheiterte.

Angesichts eines einfachen Geräts, das wir sehen und fassen können, lässt sich eine mittlere Anstrengung, die das beste Ergebnis erreicht, in der Regel finden. Aber in unserer Psyche sind die Zusammenhänge komplizierter. Das hängt damit zusammen, dass wesentliche Leistungen meist nicht durch eine bewusste Willensanstrengung erzielt werden können. Der Wille leistet einen wichtigen Beitrag, aber wenn er etwas ersetzen soll, das wir nicht genau fassen können, dann wird er womöglich zu einer Kraft, welche den Erfolg des Ganzen gefährdet.

Eine moderne Metapher für diese Spannung zwischen dem bewussten Willen und dem, was hinzukommen muss, ist die Unterscheidung der seelischen Instanzen des »Ich« und des »Es«. Das Ich ist der Träger des Bewusstseins. Von ihm wird die Anpassung organisiert. Das Ich erhält seine Aufgaben aus zwei Quellen: der äußeren Realität und dem Bereich der leiblichen Mangelzustände (Hunger, Durst), der sexuellen Triebe und der Bedürfnisse, sich durch gute Kontakte mit der sozialen Umwelt vor den Gefahren zu schützen, die von anderen Menschen ausgehen können. So wird das Ich die »Stätte der Angst«, wie Freud sagt: Es ist unter Druck, die nötigen Kompromisse zu finden.

Das Modell Freuds erlaubt es uns, einen Gedanken zu veranschaulichen, der für das Dranbleiben sehr wichtig ist. Er gehört nicht der Psychoanalyse, er ist viel älter, wir finden ihn bei den Vorsokratikern ebenso wie bei den Lehrern des Yoga und des Zen. Das Dranbleiben, welches allein durch unseren bewussten Willen erreicht und durchgehalten werden soll, ist unvollständig. Es kann gelingen, es kann aber auch anstrengend, unproduktiv, letztlich erfolglos werden, wenn nicht etwas hinzukommt, was wir nicht durch unsere Absicht steuern und durch unsere Wahrnehmung kontrollieren können.

Ich und Es lassen sich mit Reiter und Pferd vergleichen: Wenn beide harmonieren und sich aufeinander einstellen, entsteht eine mächtige Einheit. Wenn das nicht gelingt, kann es gefährlich werden; ein Reiter, der mit gebrochenen Gliedern im Graben liegt, ist schlechter dran als der Wanderer, der sich lieber nicht auf ein derart gefährliches Tier setzt.

Der Reiter und das Pferd sind anders zu sehen als der Schütze und sein Bogen. Das Pferd nimmt einen Dialog auf, es bedarf einer ständigen Auseinandersetzung, um die notwendige Kontrolle über das Tier aufrechtzuerhalten. Zu dieser Kontrolle gehört es, sowohl zu befehlen wie auch zu versorgen; nur ein gut gefüttertes und gepflegtes Pferd wird den Reiter verlässlich und dauerhaft voranbringen.

Viele Störungen im Dranbleiben beruhen darauf, dass der Reiter mit dem Pferd umgeht wie die Schildbürger mit ihrem Stadtgaul: Es störte sie, dass das tüchtige und willige Tier auch fressen wollte. So verminderten sie seine Haferration um einen Halm pro Tag. Als sie endlich stolz erwarteten, das Tier werde jetzt haferfrei arbeiten, lag es tot im Stall.[32]

Ein lehrreiches Beispiel sind Prüfungsneurosen. Es gibt Menschen, die immer vor Prüfungen in einen Ausnahmezustand geraten, weil sie sich überfordern, wie es die Schildbürger mit dem Stadtpferd taten. Sie befehlen sich, Tag und Nacht ohne Pause zu studieren. Dadurch wächst ein innerer Dämon, der überhaupt nicht mehr lernen mag. Kein Prüfungsneurotiker kann eine Stunde lernen und dann eine Stunde etwas tun, was ihm Freude macht und ihn entspannt. Er lernt eine Stunde und bestraft sich dann eine Stunde, weil er nicht genügend gelernt hat.

Das Kleben an einem Thema, – im Fall der Prüfung am Stoff, der gelernt werden soll – muss vom Dranbleiben unterschieden werden. Wo es kein Loslassen mehr geben darf, ist ein echtes Dranbleiben auch nicht mehr möglich. Das Kleben an der Aufgabe weckt einen Widerstand gegen sie. Dieser führt dazu, dass der Betroffene immer mehr Kraft verbraucht, um seine inneren Hemmungen niederzukämpfen, und immer weniger Energie zur Verfügung hat, um voranzukommen. Das Ziel wird nicht erreicht, weil der Wille Amok läuft und die Bedürfnisse des Es nach Befriedigung und Bestätigung nicht annehmen kann.

Dranbleiben vollzieht sich nicht an einer, sondern an zwei Grenzen: An der Grenze zum Gegenstand und an der Grenze zwischen Absicht und Unbewusstem. Wer sich ausschließlich auf den Willen verlässt, kann Widerstände auslösen, die ihn lähmen.

Heinrich von Kleist[33] hat das in seinem Essay über das *Marionettentheater* beschrieben:

»Ich badete mich vor etwa drei Jahren mit einem jungen Mann, über dessen Bildung damals eine wunderbare Anmut verbreitet war. Er mochte ungefähr in seinem sechzehnten Jahre stehen, und nur ganz von fern ließen sich, von der Gunst der Frauen herbeigerufen, die ersten Spuren von Eitelkeit erblicken. Es traf sich, dass wir gerade kurz zuvor in Paris den Jüngling gesehen hatten, der sich einen Splitter aus dem Fuße zieht; der Abguss der Statue ist bekannt und befindet sich in den meisten deutschen Sammlungen. Ein Blick, den er in dem Augenblick, da er den Fuß auf den Schemel setzte, um ihn abzutrocknen, in einen großen Spiegel warf, erinnerte ihn daran; er lächelte und sagte mir, welch eine Entdeckung er gemacht habe. In der Tat hatte ich in eben diesem Augenblick dieselbe gemacht; doch sei es, um seiner Eitelkeit ein wenig heilsam zu begegnen: ich lachte und erwiderte – er sähe wohl Geister! Er errötete und hob den Fuß zum zweiten Mal, um es mir zu zeigen; doch der Versuch, wie sich leicht hätte voraussehen lassen, missglückte. Er hob verwirrt den Fuß zum dritten und vierten, er hob ihn wohl noch zehnmal: umsonst! Er war außerstand, dieselbe Bewegung wieder hervorzubringen – was sag ich? Die Bewegungen, die er machte, hatten ein so komisches Element, dass ich Mühe hatte, das Gelächter zurückzuhalten. – Von diesem Tage, gleichsam von diesem Augenblick an, ging eine unbegreifliche Veränderung mit dem jungen Menschen vor. Er fing an, tagelang vor dem Spiegel zu stehen; und immer ein Reiz nach dem anderen verließ ihn. Eine unsichtbare und unbegreifliche Gewalt schien sich wie ein eisernes Netz um das freie Spiel seiner Gebärden zu legen, und als ein Jahr verflossen war, war keine Spur mehr von der Lieblichkeit in ihm zu entdecken, die die Augen der Menschen sonst, die ihn umringten, ergötzt hatte.«[34]

Der Heranwachsende gerät in eine narzisstische Krise, die Kleist genau beschrieben hat. Der Dichter deutet aber nur an, wie sehr der »Freund« zu dieser Krise beiträgt. Er hat durchaus gesehen, dass der Adonis tatsächlich eine besonders schöne, klassische Bewegung vollzogen hat. Aber er verweigert die gewünschte Bestätigung. Der Spiegel aus Glas hat nicht gelogen, aber der menschliche Spiegel leugnet. Das kann keine Übung vor dem gläsernen Spiegel gutmachen.

In der Antike, deren Kunst hier idealisiert wird, gab es keine Spiegel, in denen sich ein schöner junger Mann nach dem Bade beobachten konnte. Der ältere Freund verhält sich in einer Weise sadistisch, die nur scheinbar harmlos ist. Er entwertet den Fund und spottet, als dem Opfer die Reproduktion der spontanen Geste misslingt. Das Erröten des Jünglings verrät, dass er in eine Scham-Falle geraten ist.

Seine Unfähigkeit, die Tücke und Rivalität im Verhalten des Freundes zu erkennen, sein Versuch, der eigenen Erfahrung zum Trotz zu beweisen, dass er Grazie auch maschinenmäßig herstellen kann, machen ihn zum Opfer einer Situation, die er nicht durchschaut. Sie beweist freilich auch nicht, was Kleist uns beweisen will: dass die Absicht *immer* zu einem Verlust an Sicherheit, Schnelligkeit, Schönheit und Treffsicherheit führen muss.

So einfach ist das nicht. Die Absicht führt keineswegs verlässlich zum Ziel, die unbewusste Absichtslosigkeit aber ebenso wenig. Es gibt eben keine perfekten Lösungen, sondern nur Annäherungen – aus eben diesem Grund ist das Dranbleiben so wichtig. Den professionellen Schauspieler erkennt man vor allem daran, dass er eine Szene wiederholen kann, ohne dass sein Ausdruck dies verrät. Nicht das Bewusstsein, sondern die Entwertung stört die Schönheit der Bewegung.

Der gedemütigte Held von Kleists Szene zeigt eine Störung des Dranbleibens durch die bewusste Absicht und die Unterwerfung unter ein fremdes Urteil. Bliebe der junge Mann bei seinen ursprünglichen Gefühlen, seiner Entspannung nach dem Bad, seinem Genuss der Anmut seiner Bewegung, dann würde er die Geste nicht wiederholen, wozu auch? Was ist, muss man nicht beweisen; wer an sich glaubt, muss niemanden bekehren.

Aber der Eingriff von außen weckt Ehrgeiz, mobilisiert Angst, zu versagen. Der schöne Jüngling hatte sich selbst gesehen und an sich geglaubt, aber da der Freund sagte, er habe ein Gespenst erblickt, und er sich nicht gegen diese Äußerung wehren konnte, wurde er zu dem Gespenst seiner selbst.

Kleist deutet die Lösung des Problems nur an. Er gebraucht den Vergleich mit dem Paradies, dessen Eingang verschlossen ist, vom Cherub bewacht: Der aus ihm vertriebene Mensch könne vielleicht auf einem langen Weg um die Erde herum einen Hintereingang finden.

In der Tat zeigt die psychologische und therapeutische Auseinandersetzung mit der beschriebenen Störung, dass es hilfreich ist, zu üben, freilich in einer Weise, in der die Verkrampfung durch den Wunsch nach einem allzu schnellen Erfolg nicht geweckt wird.

Die mangelnde Spiegelung durch den älteren Freund hat den jungen Adonis in seinem Selbstgefühl gekränkt. So lange er nun glaubt, ohne Auseinandersetzung mit dieser Kränkung einfach die Scharte auswetzen zu können, kann er nicht entspannt agieren. Er war bei der ersten Bewegung entspannt, weil er nichts beweisen wollte. Jetzt muss er etwas beweisen, sein Selbstgefühl steht auf dem Spiel – kann er oder kann er nicht, ist er mächtig oder ohnmächtig? Angst vor dem Versagen setzt ein.

Eine vom erlebenden Ich bewältigte Angstspannung beflügelt, sie weckt alle Kräfte und regt das Ich an, eine Aufgabe zu bewältigen. Aber Angst kann auch ihrerseits das Ich überwältigen. Dann schwinden die Einfälle, die oder der Geängstigte werden dumm und ungeschickt. Sie machen Fehler, die ihnen vor der Prüfung nie passiert sind und nach ihr nie wieder passieren werden. In dieser Situation ist es sinnlos, weiter zu üben, sich weiter anzustrengen – erst muss das Ich seine Herrschaft zurück gewinnen, dann hat ein neuer Versuch wieder einen Sinn.

Wer also durch eine Kränkung seine Fähigkeit zum Dranbleiben verloren hat, der kann sie nicht einfach durch gesteigerte Anstrengung wieder finden. Er muss den Umweg zulassen und geduldig nach den Einflüssen suchen, die ihn abgelenkt haben. Dann kann er aus ihnen vielleicht sogar zusätzliche Kraft gewinnen. Kleist mag das geahnt haben, als er sein Bild von der Suche nach dem Hintereingang in das verlorene Paradies prägte.

Der Gedanke, dass wir manchmal nur auf einem Umweg zu dem Ziel kommen, das vor uns zu liegen scheint und scheinbar nur noch nach einer noch größeren Anstrengung verlangt, begegnet uns beim Thema des Dranbleibens immer wieder. Er bezeichnet den Beginn einer Kultur der Reflexion, für den in der europäischen Tradition Herodot und Sokrates stehen.

Herodot, der »Vater der Geschichtsschreibung«, um 480 vor Christus in Halikarnassos im Südwesten der heutigen Türkei geboren, hat vielleicht als erster die Möglichkeit eröffnet, kritisch über Wertvorstellungen unterschiedlicher Völker nachzudenken. Vor ihm und vielerorts noch lange nach ihm ist jede Kultur überzeugt, dass ihre eigenen Werte die einzig richtigen seien. Herodot aber sagt, dass unterschiedliche Völker auch unterschiedliche Sitten und Bräuche haben, jede Nation aber überzeugt sei, die ihren seien die einzig »menschlichen«.

Sokrates begründet die philosophische Reflexion – das Nachdenken über die Grenzen des eigenen Wissens. »Ich weiß, dass ich nichts weiß« ist einer der Merksätze der Philosophiegeschichte, in dem das Paradox dazu dient, einer Wahrheit näher zu kommen, die von voreiligen Gewissheiten verdeckt ist.

Dieser Schritt in der kulturellen Evolution hängt mit der Anpassung des Menschen an die neue Umwelt der Stadt und des Handels zwischen Städten und Häfen zusammen. Während Ackerbauern und Hirten sich die meiste Zeit ihres Lebens mit der Natur auseinandersetzen und ihr das Lebensnotwendige abgewinnen, erfordert der Handel ebenso wie das städtische Leben eine gesteigerte Konzentration auf den Menschen. Der Mensch ist die wichtigste Ressource.

Ihn zu beeinflussen, zu berechnen, zu beherrschen sind zentrale Fähigkeiten jedes Kaufmanns, wobei an den Küsten des Mittelmeers die Kenntnis einer einzigen Sprache und Kultur nicht mehr ausreichte, um erfolgreich zu sein.

Die meiste Zeit der mehrere Millionen Jahre dauernden Evolution zum Homo sapiens war die Natur der Gegenspieler des Menschen. Er blickte auf Pflanzen und Tiere, nicht in den Spiegel, der doch auch für das Bild stehen kann, das unsere Bezugspersonen von uns haben. Je stärker unser Leben von Städten und Handel beeinflusst wurde, desto ausgeprägter waren auch die Spiegelerlebnisse, desto wichtiger wurde es, Scham und Schuld als Grundaffekte zu erkennen, die unsere Entwicklung ebenso stören wie lenken können. In Kleists Szene blickt der junge Mann zuerst in den Spiegel und dann auf den älteren Freund. Er kann beide Bilder nicht zur Übereinstimmung bringen. Das kränkt und verwirrt ihn, er wird in seiner Entwicklung blockiert.

Wenn zwei Bauern oder Hirten rivalisieren, lässt sich die Überlegenheit des einen schnell an der Größe der Ernte oder der Herde feststellen. Bürgerliche Rivalität ist Rivalität um Aufmerksamkeit, um Zustimmung, um Bewunderung. In den meisten Leistungen, bei denen unser Dranbleiben gefordert ist, spielen solche Unwägbarkeiten eine wichtige Rolle. Obwohl wir sie oft nicht (oder nur wenig) verändern können, beeinflussen sie uns enorm. Seit der Jäger der Altsteinzeit die Fährte seiner Beute verfolgte, ist es sehr viel schwieriger geworden, auf dem Weg zu einem Ziel zu bleiben, ohne durch hastige Seitenblicke, wie und was andere tun, abgelenkt zu werden und gar ins Stolpern zu kommen.

Jeder der Philosophen und Dichter des 19. Jahrhunderts rang mit den wachsenden sozialen und psychischen Problemen durch die Freisetzung und Individualisierung der

Menschen. Entscheidende Kategorien waren das persönliche Gewissen (Kant), das Mitleid (Schopenhauer) und der Wille zur Macht (Nietzsche). Die letzte Kategorie wurde im Faschismus und Nationalsozialismus absolut gesetzt. Der Wille eines mächtigen Führers allein kann danach die Realität neu gestalten und ein Volk zum Triumph über andere Völker führen. In der Mitleidlosigkeit und hohen Destruktivität dieser Ideologie werden auch die Gefahren eines Machtwillens deutlich, der sich selbst absolut setzt.

Ein mit diesem Willen ausgerüsteter Mensch wird die mitleidlose Verletzung anderer und die eigene Zerstörung in Kauf nehmen, um sich durchzusetzen. Zunächst erweist er sich dadurch allen Personen überlegen, die sich von Mitleid (auch mit einem Mitleidlosen) bewegen lassen. Sie handeln nach dem Motto vom Klügeren, der nachgibt.

Harmlose Machtkämpfe lassen sich so vielleicht entschärfen. Aber wenn tatsächlich der Destruktivere auf diese Weise mehr Macht gewinnt, handelt der Nachgiebige nicht klug, sondern verantwortungslos.

Wenn nicht der Wille und auch nicht die absichtslose Intuition unser Dranbleiben garantieren – wie können wir dann zu ihm finden? Es ist vielleicht deutlich geworden, dass es sich hier nicht um ein Prinzip und einen (goldenen) Mittelweg handelt, sondern um Bewegung, um die Steuerung unterschiedlicher Kräfte in unterschiedlichen Situationen.

7. Beweglichkeit und Bodenhaftung

Vom Ideal zum Leben finden

> Entweder ich vervollkommne mich von Bild zu Bild, dann ist bei meinem Tode nur *ein* Bild von mir vorhanden, an dem ich nämlich eben vor dem Tode gearbeitet habe, weil alle anderen verbrannt worden sind; oder ich steige rasch empor und male hierauf lauter Meisterwerke ...[35]

In der Erzählung »Nachkommenschaften« schildert Adalbert Stifter einen jungen Mann, der Maler werden will. Da er nicht von seiner Kunst leben muss und ihn die Fülle missglückter Bilder anwidert, die überall hängen und feilgeboten werden, entschließt er sich, es anders zu machen. Von ihm soll es nur vollkommene Bilder geben – entweder weil er ein Stadium der Perfektion erreicht, oder weil er sich von Bild zu Bild steigert. Alles, was unvollkommen ist, will er vernichten – es soll keine Spuren seiner Kunst geben, wenn sie nicht seinen Absichten gerecht wird. Er besucht die verschiedensten Akademien und lernt bei den größten seines Faches. Er vernichtet alle Übungen und Vorstudien, obwohl ihm längst Kenner anbieten, sie ihm abzukaufen. Sein Streben wird, *ein* Bild zu malen, das die *ganze* Schönheit der Natur ohne jede Abschwächung wiedergibt.

Als er den Eindruck hat, dass er nichts mehr lernen kann und manche seiner Lehrer bereits übertrifft, beschließt er, sich an sein Lebenswerk zu machen. Zuerst gilt es die geeignete Landschaft zu finden. Es ist ein einsames Moor in einer schönen Hügellandschaft nahe einer Kleinstadt, die von einer stolzen Burg überragt wird. Der Held pachtet ein Grundstück und lässt darauf eine Atelierhütte bauen, die sich mit einem großen Fenster auf das Moor öffnet und sonst genügend Bequemlichkeiten für einen Junggesellenhaushalt bietet. Er bestellt einen sehr großen Rahmen, der nur zerlegt in die Hütte geschafft werden kann. Wenn das Bild fertig ist, ist die Hütte nutzlos, sie kann abgerissen werden, um das Werk freizugeben wie die Austernschale die Perle.

Ein ganzes Jahr verbringt der Künstler mit Entwürfen. Er studiert das Moor in allen Verhältnissen von Licht und Schatten, von Wolken und Sonnenschein, von frühlingsgrün über sommergelb bis herbstbunt und winterweiß.

Eines Tages, während er mit einer tragbaren Staffelei eine bestimmte Stimmung der Landschaft einfängt, nähert sich unbemerkt eine Gesellschaft. Sie beobachten erst stumm seine Kunstfertigkeit. Als einer seine Bewunderung ausdrückt, blickt sich der Maler ärgerlich um und klappt den Malkasten zu, er hasst es, wenn seine unfertigen Bilder von anderen gesehen werden.

Ein junger Edelmann spottet über diese schamhafte Reaktion; die junge Dame in seiner Begleitung verteidigt den Maler. Dieser verabschiedet sich höflich und geht. Doch sein Interesse an der Frau, die ihn in Schutz genommen hat, ist erwacht. Durch ein Fernglas beobachtet er, dass sie an schönen Tagen einen Spaziergang durch »seine« Landschaft macht. Er richtet es so ein, dass er sie dort immer trifft, er grüßt sie, sie erwidert den Gruß, sonst geschieht nichts.

Parallel zu diesem Erzählstrang lernt der Held in einem Dorfwirtshaus, zu dem er manchmal wandert, einen älteren Mann kennen. Im Gespräch finden sie heraus, dass sie denselben Nachnamen tragen: Roderer. Der Gast vermutet eine lang vergessene Verwandtschaft; beide beschließen Nachforschungen und vereinbaren ein weiteres Treffen. Sie sind in der Tat verwandt und freunden sich an. Als der alte Roderer von dem Vorsatz des jungen erfährt, alle Kraft unbedingt auf ein einziges Ziel zu richten, nickt er und erzählt, das sei nicht selten bei den Roderern, dass sie mit höchster Leidenschaft etwas ganz bestimmtes werden wollten, jedoch gerade in diesem Streben keineswegs das fänden, was sie suchten.

Ihr Leben nehme immer eine Wendung und entwickle seine innersten Ziele gerade nicht dort, wo sie mit höchstem Wollen verwirklicht werden sollten, sondern in ganz anderer Richtung und an einem völlig anderen, von ihnen gar nicht angestrebten Ort.

Er habe als junger Mann unbedingt das mächtigste tragische Schauspiel verfassen wollen, das je auf eine Bühne gekommen sei. Er habe studiert, entworfen, diskutiert, sich in entlegene Wissensgebiete vertieft und doch nie ein Stück fertig geschrieben. Irgendwann habe er ein Landgut ererbt und in der zuerst ganz unerwünschten Beschäftigung mit Feldern, Saat und Ernte seine wahre Bestimmung entdeckt.

Der junge Roderer hält diese Geschichte für Aberglauben. Die junge Frau hat der Maler nicht kalt gelassen, der ihr jedes Mal bei ihrem Spazierweg entgegen kommt. Sie beginnt, bald eine Stunde früher, bald eine Stunde später aufzubrechen. Da er sie mit Hilfe seines Fernrohres beobachten kann, begegnet er ihr auch jetzt. Sie sprechen sich an, seine Zuneigung wird erwidert. Es stellt sich heraus, dass sie eine entfernte Verwandte ist.

Mit der Geliebten eine Familie zu gründen, Kinder zu haben und zu erziehen bestimmt jetzt die Zukunftspläne des Helden. Seine Verlobte ist die einzige, der er sein fast vollendetes Bild des Moores zeigt. Sie sagt, es übertreffe alle Gemälde bei weitem, die sie jemals gesehen habe. Er aber ist überzeugt, dass es die Feinheiten der Natur und das Wesen ihrer Schönheit nicht erfasst und die Malkunst ihr lebendiges Vorbild niemals erreichen wird. So legt er Feuer an die Hütte mit allen Malutensilien, Entwürfen, Skizzen und dem fast vollendeten Bild.

Ohne Anspruch bleibt die Begabung tot; ohne Begabung der Anspruch leer. In den Fällen schöpferischer Inspiration, in denen Schritte zur Vollendung eines Werkes scheinbar mühelos gelingen, ist dieser Gegensatz aufgehoben. Die Begabung entfaltet sich in genau jenen Formen, welche der Anspruch vorgibt.

Aber so harmonisch verläuft die menschliche Entwicklung seltener, als wir es uns wünschen. Die von Stifter erzählte Geschichte zeigt, wie ein übersteigerter Anspruch die Möglichkeiten lähmt, ihn zu verwirklichen. Was mit äußerstem Wollen in höchster Leidenschaft gesucht wird, muss scheitern.

Der Maler in den »Nachkommenschaften« hat mehr Geld, als er je in seinem Leben verzehren kann. Er ist nicht darauf angewiesen, sich mit seiner Kunst auf dem Markt zu behaupten. Er hat es nicht nötig, seine Bilder Menschen zu zeigen, die die Bilder beurteilen, schätzen, kaufen. Was auf den ersten Blick wie Freiheit anmutet und vermutlich ein Traum des lange Jahre bitterarmen Dichters war, hat auch Schattenseiten. Das eigene Urteil ist ja nicht unfehlbar. Es muss sich in der Auseinandersetzung mit anderen Urteilen bewähren. Der Maler setzt sein Leben auf Kosten anderer gedankenlos fort, wenn er Skizzen und Bilder vernichtet, die ihnen Freude gemacht hätten.

Die Geschichte der *Nachkommenschaften* lehrt, wie sehr das Dranbleiben von Beziehungen bestimmt ist. In seiner Kunst hat sich der Maler isoliert. Es ging allein um sein Ideal, seine Größenphantasie. Er ist Richter und Henker der eigenen Kreativität. Seine Motivation ist brüchig, weil sie völlig einsam vollzogen wurde.

Was den jungen Maler aus der selbst gewählten Einsamkeit rettet und ihm die Sinnarmut seiner Grandiosität zeigt, ist die Liebesbeziehung zu einer Frau. Aus dem bisher einsamen und unerreichbaren Projekt wird ein gemeinsames Leben, das sein Ziel in sich trägt und sich in die Tradition, in den Familienmythos der Roderer fügt.

Das Überflüssige weglassen

Wo Bewegung ist, geht sie zu weit. Erinnern wir uns an das Erlernen des Autofahrens, wo wir eine gerade Linie dadurch herzustellen lernten, dass wir die ursprüngliche Schlangenlinie immer weiter abflachten! Der »richtige« Kurs war uns nicht gegeben; aber wir näherten uns ihm, indem wir die beiden Fehler – auf die Gegenfahrbahn oder in den Straßengraben zu geraten – zunehmend geschickter vermieden.

Nach einiger Übung macht uns das nur noch ausnahmsweise Probleme – etwa im Nebel oder auf rutschiger Fahrbahn. Das hängt auch damit zusammen, dass wir gelernt haben, uns einzuschätzen: Wenn wir versuchen würden, wie ein Rennfahrer zu beschleunigen, würden wir den überwundenen Ängste vor den Extremen erneut begegnen.

Wir lernen nicht, aus einem Zustand der Ruhe und Entspannung heraus die eine, richtige, zweckmäßige Bewegung zu machen, sondern wir lernen, das Überflüssige wegzulassen. Wenn ein Baby gezielt nach seiner Rassel greifen kann, ist es fähig geworden, alle Gesten zu unterdrücken, die *nicht* zu der Rassel führen. Wenn ein kleines Kind sprechen lernt, *reduziert* es die Vielfalt der möglichen Laute auf die wenigen Vokale und Konsonanten, die für eine verständliche Artikulation notwendig sind.

Aus der italienischen Geschichte kennen wir die elementare Unterscheidung zwischen den Künsten, die durch Wegnehmen arbeiten, und jenen, in denen etwas hinzugefügt wird. Sie ist von Michelangelo eingeführt worden, hat aber sehr alte Wurzeln in der römischen Rhetorik. Sie wurzelt bei dem Florentiner Künstler, in dessen neuplatonischem Denken. Ein Bildhauer erarbeitet sein Werk durch Wegmeißeln alles Materials, das die erwünschte Gestalt in sich »begraben« hat. Seine Tätigkeit verhilft ihr zur Auferstehung.[36]

Das Menschenkind ist ein Bündel dynamischer Gesten, es greift in Motorik wie im Ausdruck von Gefühlen oder in der Produktion von Zisch- und Brummlauten, Geschrei und Geplärr nach der Welt. Seine Fähigkeit, sich geordnet zu bewegen, gewinnt es aus der Hemmung des motorischen Chaos, das nur die eine, die richtige Handlung übrig lässt. Das verständliche Wort wird aus einem Lautchaos gemeißelt wie die Statue aus dem rohen Marmor.

Das Kind traut sich dank seiner primären Größenphantasie viel zu, ist schnell verzweifelt und verängstigt und erholt sich auch schnell wieder von diesen Krisen. Je reifer es wird, desto genauer kann es sich einschätzen und desto ausdauernder kann es Widerstände überwinden. Ohne die primäre Grandiosität würden wir nie ausziehen, die Welt zu erobern. Aber wenn wir sie nicht differenzieren und durch reale Erfahrungen stützen können, wird sie dazu führen, dass wir schließlich meinen, überall gescheitert zu sein, weil wir nicht überall siegen konnten.

Wer sich selbst überschätzt, kann den Kurs so wenig

halten wie der Ängstliche, der jeder Herausforderung aus dem Weg geht. Menschliche Bewegung ist Bewegung zu anderen Personen hin. Auch hier erleidet Rückschläge, wer zu hastig vorgeht, bleibt zurück, wer sich nicht auf den Weg machen und etwas riskieren will.

Der selbstunsichere Mann, der noch nie eine Frau erobert hat, ist meist auch der, welcher die erste Frau, die ihm zuhört, mit Heiratsplänen überrascht. Die perfekte Mutter, die alles für ihr Kind tun will, ist meist auch die, welche dieses irgendwann anschreit: »Du bist der Nagel zu meinem Sarg!«

Nicht nur den, der zu spät kommt, bestraft das Schicksal, sondern auch den, der zuviel Druck ausübt. Ich muss an eine kleine Szene denken, die ich vor vielen Jahren erlebt habe. Wir waren die Nacht hindurch gefahren, um eine Fähre zu erreichen, die uns für zwei Urlaubswochen nach Elba bringen sollte.

Unsere dreijährige Tochter war sehr durstig. Ich nahm sie auf den Arm, wir gingen zur Bar des Schiffes und ich bestellte einen Obstsaft, den ihr der Barista lächelnd gab. Anna packte den Plastikbecher so energisch, dass sie ihn in ihren kleinen Fäusten zerquetschte und der klebrige Inhalt sich über uns beide ergoss.

Die kleine Szene ist mir zum Symbol dafür geworden, dass zu großer Durst dazu führen kann, das Trinkgefäß zu zerstören. Aber sie sagt wahrscheinlich nur, dass Anna bisher keine Erfahrungen mit solchen Plastikbechern hatte und ich es versäumte, sie darauf aufmerksam zu machen.

Die Mitte zwischen überschätzen und verzagen – Flow

In einem Dokument der deutschen Geschichte, der Chronik der Herrn von Zimmern, wird eine Szene berichtet, in der ein Vater seinen kleinen Sohn dazu bewegt, mit ihm einen Weg von zwei Stunden zur Kirche zu gehen. Er nimmt ein hölzernes Spielzeug mit und wirft es immer zwanzig Schritt nach vorne. So wird der lange Weg, dessen schiere Unendlichkeit das Kind verzagen ließe, in übersichtliche Abschnitte zerlegt.

Unser Selbstgefühl trägt unser Leben am besten, wenn wir der Manie ebenso entgehen wie der Depression, wenn wir die Größenphantasie nicht zaghafter kritisieren als den Minderwertigkeitsgedanken. Es gelingt jedoch nicht, die Extreme zu vermeiden, ohne sich ihnen zu nähern, bald zu wagemutig, bald zu zaghaft zu sein. Die beglückenden Gefühle, wenn sich der Widerspruch zwischen idealem und realem seelischen Tempo auflöst und wir uns geistig im Einklang mit der Welt bewegen, hat Nietzsche als Inspiration beschrieben. Für ihn bindet sie sich stark an die Entstehung seines Werkes »Also sprach Zarathustra«.

»Mit dem geringsten Rest von Aberglauben in sich würde man in der Tat die Vorstellung, bloß Inkarnation, bloß Mundstück, bloß Medium übermächtiger Gewalten zu sein, kaum abzuweisen wissen. Der Begriff Offenbarung, in dem Sinn, dass plötzlich, mit unsäglicher Sicherheit und Feinheit, etwas sichtbar, hörbar wird, etwas, das einen im Tiefsten erschüttert und umwirft, beschreibt einfach den Tatbestand … Man hört, man sucht nicht; man nimmt, man fragt nicht, wer da gibt; wie ein Blitz leuchtet ein Gedanke auf, mit Notwendigkeit, in der Form ohne Zögern, – ich habe nie eine Wahl gehabt … Alles geschieht im höchsten Grade unfreiwillig, aber wie in einem Sturme von Freiheits-Gefühl, von Unbedingtsein, von Macht … Die Unfreiwilligkeit des Bildes, des Gleichnisses ist das Merkwürdigste; man hat keinen Begriff mehr, was Bild, was Gleichnis ist, alles bietet sich als der nächste, der richtigste, der einfachste Ausdruck.«[37]

Psychologen sprechen vom Flow, dem Gefühl einer fließenden Bewegung, in der sich die einzelnen Kräfte wohltuend mischen, die wir in einem Konflikt oder angesichts einer neuen Situation erst einmal ordnen und in ihren gegenseitigen Beziehungen einschätzen müssen.[38] Nietzsches Inspiration mag sich dem manischen Pol nähern, sie verdeutlicht jedoch, dass bewusste Absicht und willkürliche Kontrolle nur Komponenten in einem Prozess sind. Sie müssen sich sozusagen in ihm auflösen, um ein Höchstmaß an schöpferischer Kraft zu entfalten.

Der Flow ist nicht an hohe Leistungen, an ein geniales Werk gebunden. Er ist eine zentrale Qualität jeder stabilen menschlichen Tätigkeit, in der die Kraft der eigenen Bewegung – der körperlichen wie der geistigen – zwischen den angelegten Ufern zu dem richtigen Ziel fließt.

Als angehender Segler habe ich mich einmal mit dem Phänomen des Gleitens beschäftigt, das die Flow-Qualität verdeutlichen kann. Manche Boote sind so geschnitten, dass bei einem bestimmten Tempo nur noch ein kleiner Teil des Rumpfes eintaucht; damit verringert sich schlagartig der Wasserwiderstand und die Geschwindigkeit steigt. Bei Motorbooten lässt sich das durch die Verbindung von geringem Gewicht und starker Leistung erreichen; bei einem Segelboot braucht es Wind und Geschick, um von diesem Erlebnis belohnt zu werden.

Im Flow sinkt der innere Widerstand gegen eine Bewegung; die Energie, die sonst für Kontrolle, Kritik, Nachprüfung, Bedenken, Ängste, Zweifel verwendet wird, fließt in die Bewegung selbst. Sie erreicht jetzt mit dem geringsten Aufwand an Kraft ein Maximum an Ergebnis.

Wer Menschen untersucht, die lange in einem anspruchsvollen Beruf gearbeitet haben und diesen immer noch gerne ausüben, kommt zu dem Ergebnis, dass die Fähigkeit zu solchen »Inspirationen« einen wesentlichen Beitrag dazu leistet. Der Anfänger muss sich selbst vielleicht noch überreden, bei der Stange zu bleiben. Er vergeudet viel Energie damit, sich selbst zu beweisen, mit anderen zu rivalisieren, sich selbst zu loben oder zu tadeln.

Wer professionell arbeitet, richtet alle Energie auf sein Ziel und erreicht es mit möglichst wenig Reibungsverlusten. Er sucht immer nach der eleganten Lösung in dem Sinn, dass mit geringstem Aufwand ein möglichst gutes Ergebnis erreicht wird. Insofern gleicht er auch dem Bären, der in Kleists bereits zitiertem Aufsatz über das Marionettentheater als meisterhafter Fechter dargestellt wird: Er pariert nur dann, wenn es notwendig ist; auf Finten reagiert er nicht.[39]

Im Flow wird das Dranbleiben sozusagen paradox: Indem keinerlei Mühe aufgewendet wird, es zu leisten, geschieht es.

Wir machen uns selten klar, dass der Prozess, in dem ein Mensch zu seiner Identität findet, immer darauf beruht, dass wir uns von Überflüssigem trennen. In einer Vielzahl von Möglichkeiten finden wir die richtigen, indem wir die falschen weglassen. Auch die Entwicklung komplexer menschlicher Fertigkeiten beruht häufig auf dem Prinzip des Wegnehmens oder Weglassens. Die Lösung in einer schwierigen Situation ist sehr häufig nicht dadurch auffindbar, dass man eine Antwort weiß. Es geht darum, voreilige, falsche Lösungsversuche (die das Problem verstärken) wegzulassen.

Anfängern, die stolz auf ihre Kraftreserven sind, entgeht oft die elegante Lösung, die mit dem kleinsten Aufwand am meisten erreicht. Sie haben Kraft zu verschwenden, also verschwenden sie auch Kraft. Der Profi schont seine Ressourcen und kann auch andere dazu bringen, das Beste aus ihren Potenzialen zu machen.

In der Konsumgesellschaft werden verschwenderische Bequemlichkeiten angeboten und setzen sich auf dem Markt durch. Ein Beispiel sind Uhren, die Batterien benötigen und eine Zeit lang die sehr viel elegantere Lösung ersetzt haben, dass sich ein Zeitmesser am Handgelenk durch die Bewegung des Arms selbst aufzieht.

Die weißen Büffeljäger in Nordamerika verwerteten nur einen Bruchteil der Beutetiere. Die Prärieindianer hingegen gingen so umsichtig zu Werk, dass kaum etwas vergeudet wurde. Ein weißer Jäger wird den Eisbären, den er erbeuten will, sofort erschießen. Dann wird er höchstens das Fell und die Tatzen mitnehmen, mehr kann er nicht tragen. Ein Eskimo wird das Tier zu einem Flusslauf locken und dort erlegen, um die Beute bequem abtransportieren zu können.

Zwischen Anstrengung und Mühelosigkeit

Der verschwenderische Kraftaufwand Jugendlicher resultiert daraus, dass sie in jeder Situation ihre Tüchtigkeit beweisen. Nicht das kalendarische Alter, sondern die seelische Reife bestimmt die Fähigkeit, Führung zu übernehmen und Kräfte zu bündeln. Wer das in seinem eigenen Leben gelernt hat, wird auch eine Gruppe dazu bringen können, Kraft nicht zu vergeuden, keine Machtkämpfe um des Machtkampfs willen zu führen, Ressourcen zu erkennen und auszuschöpfen, Reibungsverluste zu vermeiden.

Problematisch wird der Begriff der Reife, wenn er mit einer Werthaltung legiert ist, die das Kindliche in der menschlichen Existenz abqualifiziert und starre Normen aufbaut. Unantastbare Reife gibt es nur um den Preis der Normopathie. Dieser Begriff wurde in den 70er Jahren als Parallele zum Begriff der Psychopathie geprägt.[40]

Während der Psychopath seine Mitmenschen durch seine mangelnde Anpassungsfähigkeit belastet und stört, tut der Normopath dasselbe durch seine übersteigerte Anpassung, in der Abenteuer und Emotion keinen Platz mehr haben. Er ist solide, aber langweilig, in seiner Gegenwart verlieren Kinder die Lust zu spielen. Ohne Orientierung an Normen ist das Dranbleiben nicht steuerbar; ohne Kontakt zum Spiel und zur Wunschproduktion erstarrt es zur leeren Normerfüllung.

Wer schonend mit seinen Ressourcen umgeht, wird die Vielfalt der Gefühle und die Fähigkeit zu einer belebenden Rückkehr in frühere Seelenzustände nicht aus seinem Erleben verbannen. Er wird versuchen, möglichst viel kindliche Merkmale zu erhalten und ihnen jene Plätze zuzuweisen, in denen sie segensreich wirken können – das Spiel, die Kreativität, der Humor, die Entspannung, die Erotik.[41]

Reife als genauere, sparsamere, mühelosere Zielfindung und Ressourcennutzung ist das Zentrum aller positiven Entwicklungen unserer Psyche. Hier können unsere Fähigkeiten oft auch dann noch zunehmen, wenn wir oder andere angefangen haben, uns des Altersabbaus zu verdächtigen.

An dieser Stelle liegt die Frage nahe, ob es denn einen inhaltlichen Unterschied zwischen der Reife und dem Dranbleiben gibt. Das Dranbleiben entspricht einem reifen, nicht von Spaltungen beeinträchtigten Realitätsbezug: Wer dranbleibt, wendet sich mit seinen ganzen Kräften der

Wirklichkeit zu und versucht möglichst realistisch einzuschätzen, was er an ihr verändern kann, was er annehmen will oder mit innerem Protest ertragen muss.

Diese inhaltliche Verwandtschaft der Reife mit dem Dranbleiben hängt damit zusammen, dass hier beide prozesshaft definiert werden: Es gibt keine definitive Garantie, keinen stabilen Idealzustand, sondern nur die Aufmerksamkeit für ein dynamisches Geschehen, das Kräfte in uns und Ziele vor uns verbindet.

Ebenso eng wie mit der Reife ist das Dranbleiben mit Professionalität verwandt. Professionelles Handeln strebt nach einer kreativen Anwendung vorhandenen Wissens und Könnens, durch das Aufgaben ökonomisch durchgeführt werden und sich eine Motivation festigt, das eigene Handeln um seiner selbst willen »gut« zu machen.

Daher ist Professionalität mehr als das Handeln nach theoretischen Prinzipien, etwa des Rechts oder der Medizin. Gute Anwälte und gute Kliniker erkennt man daran, dass sie ihr theoretisches Wissen nicht schematisch umsetzen, sondern auf die vorhandene Situation derart abstimmen, dass mit dem geringsten Aufwand das optimale Ergebnis erzielt wird.

Den professionellen Künstler unterscheidet vom Amateur vielleicht noch mehr als das reine Talent die Geduld, mit der er sich Schritt für Schritt an sein Werk heranarbeitet. Amateure müssen schnell fertig werden. Ihnen ist der Eindruck des Gelingens sehr wichtig. Sie brauchen ihn, um ihren Mut nicht einzubüßen. Das Bild muss bis zum Abend fertig gemalt sein, das ganze Buch ist schon im Kopf, das Musikstück wird gleich ganz gespielt. Langsam, planmäßig, systematisch an etwas heranzugehen, gehört in den Kontext des handwerklichen Könnens. Schritt für Schritt arbeiten, die eigenen Kräfte nicht überfordern, immer das Beste aus den vorhandenen Materialien und Möglichkeiten herausholen, nichts vergeuden, nicht den Erfolg des Ganzen durch eine hastige Nachlässigkeit gefährden.

Keine Ausbildung kann garantieren, dass alles funktioniert wie gelernt. Sie liefert Mittel, eigene Erfahrungen zu interpretieren und zu ordnen. So formt sich der Profi in einem von ihm mitgestalteten Feld, in dem seine eigenen Handlungen und ihre Folgen zu seiner wichtigsten Orientierung werden. Er lernt es immer besser, solche Prozesse auszuwerten und mit dem Wissen zu verbinden, das er während seiner Ausbildung von seinen Lehrern, später von seinen Mitarbeitern und Kollegen erwerben kann.

Dieser Situationsbezug und die Haltung, dass sich an den eigenen Aktionen immer etwas verbessern lässt, führen dazu, dass der Profi vor dem Ausbrennen seiner Kreativität und Motivation geschützt bleibt. Er wartet nicht auf Anerkennung von außen, sondern versucht, sein eigenes Arbeitsfeld so zu beherrschen, dass er sich in ihm entwickeln kann.

Wer jeden Tag etwas hinzulernt, Ressourcen besser ausnützt, schonender mit seiner Kraft umgehen lernt, kann erheblich länger zufrieden arbeiten. Gefährlich ist es hingegen, sich in fremdem Auftrag völlig zu verausgaben und dann zu hoffen, dass die Umwelt diese Anstrengung würdigen wird.

Eine realistische Selbsteinschätzung mahnt uns, günstige Umweltbedingungen zu suchen und der Illusion zu begegnen, wir könnten diese durch Willenskraft ersetzen. Wer gut arbeiten möchte, sollte darauf achten, dass er in einer Gruppe arbeitet, die seine Haltung unterstützt. Wenn im Folgenden die Bedeutung der Kindheit für den Aufbau stabiler Strukturen des Selbstgefühls beschrieben wird, darf das nicht missverstanden werden. Niemand ist seelisch so stabil, dass er keinen Halt von außen braucht.

Es gibt Teamkulturen, die das Dranbleiben vergiften, weil gute Arbeit nicht gewürdigt wird. In anderen Kulturen muss gejammert werden: Wer sich nicht in eine Klagewolke hüllt, dem wird aufgebürdet, was andere durch die Beteuerung ihrer Überlastung von sich fernhalten.

Die Bedeutung der frühen Bindung

Seit einem grausamen Experiment, das dem Kaiser Friederich II. zugeschrieben wird, wissen wir um die unersetzliche Bedeutung der sozialen Zuwendung für unsere Entwicklung. Der Naturforscher auf dem Kaiserthron wollte herausfinden, ob es etwas wie eine menschliche Ursprache gibt. Daher verbot er den Ammen einiger auserwählter Waisen, mit den Kindern kein Wort zu sprechen. Sie sollten mit keinem Laut und keiner Geste Kontakt aufnehmen.

Die Kinder wurden immer trauriger und starben schließlich alle. Seither wissen wir, dass ein Mensch seinesgleichen braucht, um sich zu entwickeln. Der kindliche Organismus kann sich nicht in allen seinen Funktionen ausbilden, wenn ihm die Möglichkeit verweigert wird, sich auf einen anderen Organismus zu beziehen, sich in diesem zu spiegeln. Das Band zwischen dieser Person und dem Kind ist die erste Erfahrung eines Dranbleibens. Es prägt alle späteren Beziehungen.

Das Dilemma der frühen Bindung liegt darin, dass sie unverzichtbar ist und doch gelöst werden muss, wenn das Kind zu einem Erwachsenen heranreifen soll, der den Mut hat, eigene Kinder zu haben.

Es gibt keine perfekten Mütter, sondern nur Mütter, die gut genug sind. Mit diesen kann sich das Kind entwickeln, an sie kann es sich anpassen, beide können sich schließlich nehmen, wie sie sind, ohne dass sich einer verbiegen muss, und diese Erfahrung wird zur Basis vergleichbarer Erfahrungen im späteren Leben.

Wendet sich die Mutter dem Kind nicht zu, dann stirbt das Kind. Dieses harte Gesetz galt für mehr als 99 Prozent der menschlichen Entwicklungsgeschichte. Es war nicht eine bessere Moral, sondern die tödliche Konsequenz eines Mangels an Elternliebe, welche die primitiven Kulturen vor den Belastungen durch emotionale »Frühstörungen« schützte.

Es ist eine Binsenweisheit, dass es sehr viel leichter ist, etwas kaputtzumachen, als es zu heilen. Einige Sekunden Unaufmerksamkeit genügen, um sich einen Knochen zu brechen, dessen Heilungsprozess uns dann Monate beschäftigen kann. Aus diesem Grund musste der Mensch das Angstsignal entwickeln, das zwar oft übertreibt, aber uns doch mit unentbehrlicher Energie darauf hinweist, dass es nicht gut ist, Risiken zu unterschätzen.

Dieser Vorsicht und Bedenklichkeit wirkt eine mächtige Tendenz entgegen, zu glauben, dass etwas einfach deshalb gut wird, weil wir es uns vorstellen können. Solche grandiosen Phantasien als Grundlage für unser Handeln zu nehmen, widerspricht in vielen Gebieten des Lebens der anerkannten Vorgehensweise. Keine Bank wird mir einen Kredit ohne Sicherheiten auf ein romantisches Projekt hin geben, kein Medikament darf ungeprüft auf den Markt gebracht werden. Wer sich auf eine Stelle bewirbt, muss seine Qualifikation nachweisen, auch wenn es um relativ simple Leistungen geht.

Aber in einem Bereich gibt es Ausnahmen, die wir immer wieder erschüttert zur Kenntnis nehmen. Wir pflegen die romantische, die grandiose Phantasie, dass die leiblichen

Eltern für ihre Kinder das Beste sind. Wenn wieder einmal ein Kind geprügelt, erschlagen, verhungert gefunden wird, erklären wir das für unglaubliche Ausnahmen, welche diese Regel nicht entkräften. Kurz werden ein Jugendamt, ein Sozialpädagoge, ein nachlässiger Kinderarzt kritisiert. Das System und seine Illusionen stellt niemand in Frage.

Eine 17-jährige Fixerin wird schwanger. Sie will Mutter spielen, aber es zeigt sich schnell, dass das Baby in Lebensgefahr gerät. So kommt das halb verhungerte und verwahrloste Geschöpf in ein Heim. Die Großmutter behauptet nach einem halben Jahr, sie würde zusammen mit der Mutter, die eine Therapie plane, für den Enkel sorgen. Das Jugendamt ist einverstanden. Kosten sparen! Nach acht Monaten ist der Junge wieder in einem Heim. So geht es einige Male hin und her. Endlich kommt das Kind, das inzwischen sehr verhaltensauffällig ist, in eine Pflegefamilie.

Die leibliche Mutter taucht auch dort noch manchmal auf, will Mama spielen, sucht die Freundschaft der Pflegemutter. Nach einem solchen Besuch verschwindet sie, ohne sich zu verabschieden. Die Pflegemutter entdeckt, dass die Fixerin das gesamte Bargeld und ihren Schmuck mitgenommen hat.

Der Junge wird eingeschult, er prügelt sich mit anderen Kindern, hat schlechte Noten, soll in eine Förderklasse. Auch dort ist er kaum zu halten. Die Pflegemutter will mehr Geld für ihre anstrengende Arbeit; das Jugendamt verweist auf feste Sätze und bezahlt eine Familienhelferin, die täglich kommen und den Jungen betreuen soll, weil die Pflegemutter ausgebrannt ist. Es gibt eine dicke Akte im Jugendamt und hohe monatliche Kosten. Der Junge hat gerade die zweite Kindertherapie abgebrochen.

Gleichzeitig warten in derselben Kleinstadt zehn sorgfältig ausgesuchte Paare. Sie würden gerne ein Kind adoptieren. Sie hätten am liebsten ein Baby. Aber es gibt keine Babies.

Die zuständige Sozialpädagogin im Jugendamt hat überlegt, ob es nicht sinnvoll wäre, das Kind der Fixerin zur Adoption freizugeben. Aber ein Familienrichter würde nicht gegen die Mutter entscheiden. Er kann nicht ausschließen, dass diese irgendwann für das Kind sorgen wird. Die Süchtige könnte zustimmen, dass ihr Kind in bessere Hände kommt. Aber sie kommt zu keinem Termin. Wenn man sie aufsuchen will, ist sie nicht da. Wenn man sie doch erreicht, behauptet sie, fast clean zu sein und schon beinahe wieder in der Lage, selbst für ihr Kind zu sorgen, das sie doch über alles liebt.

Wenn eine 17-Jährige so verantwortungsbewusst ist, ihr Baby zur Adoption freizugeben, wird das Gericht zustimmen. Wenn die 17-Jährige ihre Verantwortungslosigkeit dokumentiert, die Realität verleugnet und sich ihr Püppchen nicht wegnehmen lassen will, wird dem Kind die Chance auf eine normale Entwicklung geraubt.

Die Schwangerschaft ist eine existenzielle Erfahrung, die Menschen grundlegend verändern kann. Aber es gibt keine Garantie dafür, und eine emotional gestörte, sich überschätzende, die Realität leugnende, drogenabhängige Frau sollte im Interesse des Kindes keine zweite Chance bekommen, wenn sie die erste nicht wahrnehmen konnte. So lange es adoptionswillige, geeignete Eltern gibt, scheint das Risiko einer voreiligen Adoption sehr viel kleiner als die Gefahr des unentschiedenen Zuwartens.

Wir werden aber keine mutigen Familienrichter bekommen, wenn uns der Mut fehlt, romantische Vorstellungen über leibliche Eltern aufzugeben. Elternschaft ist in der modernen Welt eine persönliche Leistung, die durch Blutsverwandtschaft nicht garantiert werden kann. Wenn ein

Kind die Chance hat, Eltern zu finden, die sich verantwortungsvoll um seine Entwicklung bemühen, sollte sie ihm niemand nehmen dürfen.[42]

Das oben skizzierte Modell der »richtigen« Linie, die unsichtbar ist und nur durch Vermeiden der Extreme gewonnen werden kann, spielt auch in der Erziehung eine wichtige Rolle. Eltern müssen versorgen, schützen, schenken – aber sie sollen nicht verwöhnen. Wenn ich etwas für mein Kind tue, kann ich nur in den frühen Phasen der Kindheit sicher sein, dass ich ihm nur etwas gebe und ihm nicht auch gleichzeitig die Fähigkeit nehme, es selbst zu tun.

Selbstsichere Eltern werden sich hier auf ihre Intuition verlassen. Unsichere Eltern klammern sich an die Kinder und geraten nicht selten in einen Teufelskreis, weil das unsicher gewordene Kind nun beginnt, sich auch an die Eltern zu klammern. So wird es immer schwerer, sich aus diesen wechselseitigen Anklammerungen zu befreien. Ein Beispiel:

Die 75-Jährige sucht wegen einer schweren Depression Hilfe. Diese ist aufgetreten, weil ihr 50-jähriger, lange Zeit alkoholkranker Sohn zum ersten Mal eine feste Anstellung hat und daran denkt, auszuziehen. Die Mutter ist als Kind schwer traumatisiert worden, ihr Stiefvater hat sie sexuell missbraucht. Die Ehe, aus der sie den Sohn hat, zerbrach nach einigen Jahren, weil ihr Partner nicht mit den heftigen Sexualängsten seiner Frau umgehen konnte, einem Erbe der frühen Schädigung ihrer erotischen Entwicklung.

So konzentrierte sich die Mutter auf ihren Sohn, sie half ihm, wo sie konnte, förderte unbewusst seine Sucht, indem sie die Aufgaben der Co-Alkoholikerin übernahm, ihn entschuldigte, tröstete, seine Anklagen gegen eine böse Welt unterstützte, welche seine Begabungen nicht würdigen könne.

Als nach langem Hin und Her der Sohn endlich trocken war, eine Therapie begonnen hatte und anfing sich zu verselbständigen, brach bei der Mutter die Depression aus: Sie konnte nicht ertragen, dass der Sohn nicht bereit war, sich für sie ebenso aufzuopfern, wie sie es für ihn getan hatte, dass er nicht auf eine eigene Familie verzichten wollte, um immer für sie da zu sein.

Ingenieure wissen seit langem, wie wichtig es ist, zwischen festen Bauteilen, etwa den Stahlbögen einer Brückenkonstruktion, Fugen offen zu lassen, die es dem Material erlauben, zu »arbeiten«, d.h. sich je nach der Außentemperatur zu strecken oder zu schrumpfen. Durch die Dehnfuge wird die Brücke stabilisiert; in der *Voraussicht* von Bewegung kann sie fester sein als in der *Abwehr* von Bewegung.

Wenn Eltern das Bild ihrer Kinder und Kinder das Bild ihrer Eltern starr festhalten, wenn sie die Familienbindung zementieren, dann kommt es mit hoher Wahrscheinlichkeit zu destruktiven Brüchen. Wenn sie hingegen Fugen offen lassen, dann gelingt es beiden Seiten in einem konstruktiven Sinn dranzubleiben, sich dort zu unterstützen, wo es in gutem Austausch gelingt, dort getrennte Wege zu gehen, wo es für die unterschiedlichen Bedürfnisse nötig ist.

Im Austausch mit der ersten, vertrauten Bezugsperson entwickelt das Kind die Fähigkeit, sich einzufühlen und Bedürfnisse aufzuschieben, deren Befriedigung andere verletzt. Wo diese Regulation nicht stattfindet, werden starke Gefühle nicht mehr durch Einsicht und Einfühlung reguliert, sondern durch Schmerz. Das Kind schlägt um sich, bis es von einem Stärkeren geschlagen wird; der Erwachsene wird kriminell oder – noch häufiger – depressiv.

Die Frühstörung beeinträchtigt immer auch unsere Fähigkeit, dranzubleiben. Umgekehrt wird überall dort, wo ein Mensch lernt, bei einer Person oder einer Sache zu bleiben, auch die Macht dieser frühen Störungen gemildert. Sie sind es, die zu den bereits beschriebenen Spaltungsprozessen führen: wer die genügend gute Mutter nicht hatte, muss sich eine perfekt verwöhnende zurechtidealisieren, die im Augenblick der Enttäuschung verworfen wird. Hans im Glück und Don Juan illustrieren diese Situation.

Je selbständiger das Kind wird, desto weniger dauernde Zuwendung braucht es. An die Stelle der langsam fließenden Muttermilch tritt das schnelle Geld, an die Stelle der zärtlichen Beruhigung die verbale Diskussion, in der sich die eigenständige Persönlichkeit des Kindes formt. Eine Struktur zu geben, die das Dranbleiben fördert, bedeutet Halten und Loslassen sinnvoll zu mischen.

Ich finde es wissenschaftlich falsch und menschlich töricht, aus der Kenntnis eines einzigen traumatischen Elements entweder anderen eine solche Frühstörung zuzuschreiben, oder sich selbst mit dieser Diagnose in eine Opferhaltung zu begeben. Wer hier allein aus der Sicht einer therapeutischen Praxis diskutiert, gerät in Gefahr, die Realität zu verkennen. Es gibt sehr viele Menschen, die sich nach derselben äußeren Belastung, mit deren Betrachtung ein Therapeut die Störung seines Patienten zu verstehen sucht, unauffällig entwickelten.

Ich habe in Selbsterfahrungsgruppen zur Fortbildung von Führungskräften und von Personen in Sozialberufen immer wieder beobachten können, wie Menschen schwerste Traumatisierungen verarbeiten konnten, die ein Therapeut, wenn sie ihm bei einem Patienten begegnen, als Ursache für dessen Störung ansieht.

Früher Verlust der Mutter, massive Misshandlungen, sexueller Missbrauch können einen Menschen bleibend schädigen, sie müssen es aber nicht.

Der Mensch kann durch die ihm eigne Möglichkeit der Reflexion sich selbst nicht nur verändern, sondern auch die vorhandenen Symbolsysteme (Sprache, Kunst, soziale Organisation) nutzen, diese Veränderung zu festigen. Er kann nicht nur etwas *einsehen*, sondern auch etwas *aufbauen*, in dem die gewonnenen Einsichten zur Struktur werden.

Goethe hat darauf angespielt, als er (im west-östlichen Diwan, Buch Suleika) feststellt:

»Höchstes Glück der Erdenkinder
Ist nur die Persönlichkeit –«

Heute nennen wir diese selbst gebaute Struktur meist »Identität«. An der eigenen Identität dranzubleiben, ist ein Prozess, in dem wir immer entspannter mit uns und unserer Umwelt umgehen, weil wir uns so nehmen, wie wir sind – mit allen Schatten und allen Lichtern unserer Biographie, die ja meist miteinander verbunden sind.

Ein Beispiel: Dieter ist schon relativ jung wegen seiner glänzenden akademischen Leistungen Professor und Institutsleiter geworden. Wegen einer Depression sucht er therapeutische Hilfe. Neben seinen Eheproblemen sind vor allem seine heftigen Ängste ein wichtiges Thema. Sie sind am Montag immer besonders schlimm, er kann dann wegen seiner Bauchschmerzen kaum schlafen.

Die Analyse zeigt, dass dieser hochbegabte und bei seinen Mitarbeitern ungewöhnlich beliebte Mann vaterlos aufgewachsen ist und gelernt hat, die Schwäche seiner männlichen Identifizierung durch intellektuelle Leistung und eine überdurchschnittliche Fähigkeit auszugleichen, sich in andere Menschen einzufühlen.

Er erlebt sich als die Mutter seines Instituts, muss auf jeden Mitarbeiter eingehen, darf keinem von ihnen etwas abverlangen, was dieser nicht gerne tut. Er hat stets Angst, nicht zu genügen, und spürt großen Druck, sich zu verstellen, nicht zu zeigen, wenn er sich ärgert, immer freundlich und vernünftig zu bleiben.

Das Institut ist ebenso wenig Teil seiner Identität geworden, wie seine Rolle als Leiter. In der Realität ist er völlig unangefochten, seine Mitarbeiter wissen, was sie an ihm haben. Wenn er offen seinen Ärger und seine Freude ausdrückt, würde seine Autorität gewiss nicht leiden. Aber er hat die Struktur, die um ihn entstanden ist und die er selbst geschaffen hat, nicht wirklich annehmen und erfüllen können, sondern fühlt sich in ihr bedroht, als könnte sie ihn jederzeit fallenlassen und ihm über Nacht verloren gehen.

Dieter geht es schlecht, seit er das Institut leitet. Vorher hatte er sich von dem früheren Direktor beschützt gefühlt, dessen Nachfolge er antrat. Solange er sich auf diese Vaterfigur beziehen konnte, fühlte sich Dieter sicher, wenn er am Montag die Arbeitswoche vor sich sah. Die Struktur, an der er sich orientieren würde, war eindeutig. Als er selbst Direktor wurde, ging Dieter in ein Institut, in dem jeder andere Leiterin oder Leiter war, nur er nicht. Alle musste er zufrieden stellen. Das beleidigte Gesicht seiner Sekretärin reichte, um ihm den Tag zu verderben. Was hatte sie nur? War er schuld daran? Sollte er sie fragen, oder sollte er das ignorieren?

Dieter kann im Lauf seiner Therapie lernen, seine eigene Leitungsrolle zu entwerfen, sie aufzubauen und an ihr dranzubleiben. Je besser ihm das gelingt, desto entspannter wird er in sein Institut gehen, weil ihm klar geworden ist, dass er auch jetzt er selbst bleiben kann, wenn er selbst Direktor ist und keinen Direktor mehr hat.

8. Wie der Weg zum Ziel wird – Freude an der eigenen Leistung

Warum auch Genies üben müssen

Ein mächtiger Joker im Spiel der menschlichen Entwicklung ist die Begabung zur Einsicht, die Intelligenz. Sie kann viele Schäden ausgleichen und helfen, sie zu überwinden. Aber sie kann sich auch gegen ihre Träger richten.

Jede Psychotherapie (und übrigens auch ein Unternehmen wie dieser Text) läuft darauf hinaus, die menschliche Intelligenz zu nutzen, um die Einsicht in die eigene Realität und die Einfühlung in die Realität anderer Menschen zu fördern. Dann können wir uns besser orientieren und unsere Möglichkeiten ökonomischer verwirklichen. Die Gefahr der hohen Begabung liegt in ihrer Überschätzung einerseits, in einer durch sie selbst geweckten Angst vor Isolation und Ablehnung anderseits.

Der Mythos der bürgerlichen Individualisierung gipfelte in dem Genie-Begriff, dessen Wurzeln in das neuplatonische Modell vom Geist zurückreichen, der sich aus der Materie befreit: Ähnlich triumphiert das Genie über die Masse; es ist schöpferisch, wo andere nur handwerklich wiederholen. Das Genie ist begnadet, es ist ein Wunder, das sich oft schon bei Kindern bemerkbar macht. Das typische Beispiel ist Wolfgang Amadeus Mozart, der bereits als Kind staunenswert komponierte und improvisierte.

Aber Mozart hat auch sehr viel geübt und im Alter von fünf Jahren begonnen, sein angeborenes Gedächtnis für musikalische Formen durch Improvisationen am Cembalo auszubauen.[43] Was vielleicht noch wichtiger ist: er lebte in einer hoch musikalischen Familie, die seine Fähigkeiten zu würdigen wusste. In der Musikpädagogik spricht man von der Isaac-Stern-Regel, um zu beschreiben, dass musikalische Talente umso fähiger werden, ausdauernd zu üben und zu proben, je besser sie die Technik beherrschen. Wer nicht gut spielt, wird einer Wiederholung schneller müde als jemand, der es genießt, sich selbst zuzuhören und Freude an kleinen Verbesserungen entwickelt, die den Fluss und die Gestalt seiner Musik noch klarer hervortreten lassen.

Mozarts selbst geschriebene Notierungen sind fast ohne Korrekturen. Aber diese Produktivität ist nur scheinbar spontan: Er hatte die Fähigkeit erworben, ein vielstimmiges Orchester in seiner Phantasie durchzugehen und Variationen zu erproben. Was er dann aufzeichnete, war das Ergebnis einer intensiven inneren Auseinandersetzung mit vielen Korrekturen, die längst geschehen waren, ehe er zum Notenpapier griff. Ähnlich hat übrigens William Shakespeare gearbeitet: ganz selten strich er eine Zeile und ersetzte sie durch eine andere Formulierung. Der Text war in seinem Kopf schon fertig.

Das Wort von Thomas Alva Edison, »Genie ist ein Prozent Inspiration und neunundneunzig Prozent Transpiration«[44] sagt nur einen Teil der Wahrheit. Große schöpferische Leistungen beruhen zwar auf ausdauernder Übung eines Talents, aber diese Übung ist keine beschwerliche, schweißtreibende und geisttötende Mühsal, sondern eine vorwiegend freudige, zuversichtliche und ausdauernde Arbeit, die für den Künstler oder Erfinder ihren Wert in sich trägt.

Die Kunst des Dranbleibens zeigt sich in dieser offenen Übung, die von einer öden Wiederholung unterschieden werden muss. Es geht nicht darum, eine fertige Form zu reproduzieren, wie das Kind, das zur Strafe einen Satz hundertmal abschreiben soll. Es geht darum, in dieser Wiederholung Neues zu entdecken, winzige Variationen zu versuchen, einen Text oder eine Melodie zu verbessern.

Im Seminar lernte der Student früher einen Spottvers: »Wissenschaft, sie ist und bleibt, was einer ab vom anderen schreibt!« In der Tat bestehen die meisten wissenschaftlichen Texte aus Zitaten, solchen, die deklariert sind, und anderen, die mehr oder weniger umgeformt und auf diesem Weg zu etwas Eigenem gemacht werden. Im strengsten Sinn originelle Texte, die über lange Passagen hin ausschließlich bisher noch nicht Gedachtes formulieren, finden sich selten.

So lange ein Text Wort für Wort (ab)geschrieben werden musste, veränderte sich die Vorlage und wurde mit eigenen Gedanken getränkt. Seit niemand mehr das Schreiben durch Abschreiben übt, hat sich die Welt des Schreibens verändert. Inzwischen benutzen fast alle Autoren einen Computer. Was an Texten brauchbar erscheint, wird gespeichert und in Festplatte oder USB-Stick abgelegt. Diese Geräte erleben wir als Erweiterung des eigenen Ich. Sie enthalten eine enorme Verführung für jene »narzisstischen« Bereiche der Persönlichkeit, in denen die Phantasie siedelt, der Größte, der Einzige zu sein. Auf diese Phantasie spielen Filme an wie der Highlander – »Es kann nur einen geben!« Oder aber Polykrates, der Tyrann von Samos in Schillers Ballade: »Dies alles ist mir untertänig!«

Was in *meinem* Speicher ist, gehört *mir*, schließlich habe *ich* es gefunden und gespeichert. Der Mensch hat eine natürliche Neigung zum Polykratismus. Wenn ein solcher Polykrates aus seinen gespeicherten Dateien eine »eigene« Arbeit macht, wird alles, was er an passender Stelle in sein Gedankengebäude einfügt, zu *seiner* geistigen Leistung.

Früher veränderte sich ein fremder Text wie von selbst, wenn der Autor sich zuerst bei seiner Lektüre Stichworte und prägnante Zitate notierte und später die Früchte seiner Vorbereitung von der Karteikarte übernahm. Heute ist alles schon da, steht fertig im Textregal, wartet, vom ordnenden Ich des Autors an seinen Platz gestellt zu werden.

Am Computer muss der Autor ein erheblich höheres Maß an Disziplin und Selbstkritik aufbringen, um das Patchwork, das er da gefertigt hat, transparent zu machen. Fremde Federn als eigene auszugeben, davon sind vor allem jene versucht, die es gewohnt sind, Ehrgeiz mit Charme zu tarnen und sich selbst mit Haut und Haaren dem Publikum zu verschreiben. Wenn *mich* jemand kopieren würde, mag sich ein solcher Narziss sagen, *ich* würde mich geschmeichelt fühlen und nicht *Haltet den Dieb* schreien, wie das meine Neider tun!

Je talentierter und in der Ausbildung seiner Fertigkeiten fortgeschrittener der Künstler ist, desto mehr wird der Weg auch Ziel, desto stärker prägt sich die Freude an den scheinbar banalen Aktionen aus, welche ihn diesem Ziel näher bringen. Von Michelangelo wird erzählt, dass ihm anders als vielen Bildhauern, welche diese Arbeit Gehilfen überließen, das Behauen des Marmors so viel Freude machte, dass es ihm am Abend schwer fiel, das Licht des nächsten Morgens abzuwarten. Also schenkte ihm einer seiner Schüler einen kunstreich gemachten Hut aus Pappe mit einer Vorrichtung, um Lichter darauf zu befestigen. So konnte der Bildhauer auch nachts mit beiden Händen den rohen Stein zwingen, seine Figuren zu gebären.

Nicht viel anders Sigmund Freud, der im Alter von über achtzig Jahren, an den Folgen einer Krebsoperation leidend und gerade der Lebensgefahr durch die Gestapo in Wien entronnen, in London Asyl fand und gleich wieder begann, mit Patienten zu arbeiten. In einem Brief schreibt er dazu, er staune gegenwärtig immer wieder, wie oberflächlich seine frühen Analysen gewesen seien.

Wir würden nichts von der Leidenschaft dieser Männer für die Übung ihres Handwerks wissen, wenn sie nicht *auch* große Werke geschaffen hätten. Aber beide strahlen in diesen Anekdoten etwas anderes aus: nicht die Freude am Erfolg, der flüchtig ist und umstritten, sondern die Freude an der eigenen Tätigkeit, an der Selbstvergessenheit, in der demütiger Dienst an einem großen Werk selbst etwas Großes wird.

Wer andere für sich arbeiten lässt und sich auf seinen Lorbeeren ausruht, kennt diese Freuden nicht. Sie sind nicht Arbeit und nicht Lust, sondern eine Harmonie beider, wie die Wanderung durch eine reizvolle Landschaft, in der sich der Geist schon auf den Anblick freut, den die nächste Wendung des Weges bieten wird.

Vielleicht in keinem anderen intensiven Erleben können wir subjektiv die Bedeutung des Dranbleibens genauer erfassen als in der Steigerung der sexuellen Erregung zum Orgasmus. Wer sich ohne Hemmung und Angst von dieser Erregung tragen lässt, gewinnt etwas wie das Gefühl, dichter als jemals sonst an seinem eigenen Leben und an dem der Person dranzusein, mit der er oder sie sich verbindet. Er schwimmt sozusagen in der Mitte eines Stroms, der durch Energien aus allen möglichen Seitenarmen und Nebenflüssen immer reicher und stärker wird, bis er schließlich im ozeanischen Gefühl des Orgasmuses aufgeht.

Dieser an sich klare und mächtige Prozess ist in vieler Hinsicht störbar. Die Erregung kann sich, obwohl gewünscht, nicht einstellen. Oder sie kann, nachdem sie schon da war, plötzlich wieder verschwinden und Angstgefühlen Platz machen, die zunächst mit dem Versagen in der sexuellen Leistung begründet werden, vielleicht aber tiefer reichen, in die Angst hinein, an etwas dranzubleiben, das stärker werden könnte als die bewusste Absicht.

Der Mythos von der »Bewältigung des Ödipuskomplexes« besagt, dass Männer und Frauen viel leichter sich selbst finden, wenn sie mit ihren gleichgeschlechtlichen Vorbildern verschmelzen konnten. Dann gewinnen sie einen unbewussten Halt, eine Struktur, die auch dann noch bestehen bleibt, wenn sie ihre Erlebnisse nicht mehr bewusst kontrollieren.

Die Schwierigkeit der Hochbegabten

Nun sind die Eltern keineswegs immer gute Vorbilder für das Kind. Es sieht, wie sie scheitern, es beobachtet, wie sie es belügen oder für ihre eigenen Zwecke missbrauchen. Das Kind muss sich sehr oft einer Übermacht fügen. Jeder Erwachsene, der Erinnerungen an seine Kindheit zulässt, kennt dieses Leid. Es zu vergessen, sich von ihm nicht im Genuss des nächsten Augenblicks beeinträchtigen zu lassen, gehört dann zu den Möglichkeiten des genügend gut versorgten, des nicht überlasteten und seelisch verletzten Kindes.

Manchmal müssen Kinder sich sozusagen selbst einschränken und unterdrücken, um nicht den Kontakt zu verlieren, den sie von ihren Eltern brauchen. Das kann geschehen, wenn das Kind sehr begabt ist, die Eltern in ihrem Selbstgefühl sehr belastet sind oder wenn – im Regelfall – beides zusammentrifft. Das Kind erkennt, dass die Eltern Fehler machen, die in seinen Augen vermeidbar sind. Aber es darf sie nicht auf diese Fehler hinweisen. Das würde sie demontieren, und das Kind weiß, dass sie diese Demontage nicht vertragen. So muss es, um die Eltern zu erhalten und vor seiner Kritik zu schützen, seine eigene Intelligenz blockieren.

Das ist leichter gesagt als getan. Wie jede natürliche Gabe hat auch die Intelligenz ihre eigene Funktionslust. Sie möchte sich entwickeln, es macht Freude, sie zu betätigen, es ist keineswegs leicht, sie abzuschaffen. Wie bei der mythischen Hydra wachsen aus jedem abgeschlagenen Haupt zwei neue. Im Mythos wurde das Ungeheuer dadurch besiegt, das ein Helfer dem Helden Fackeln reichte, mit deren Hilfe er die Stümpfe ausbrannte und so das Nachwachsen der Schlangenköpfe verhinderte. Ähnlich vernichtend gehen die hochbegabten Kinder narzisstisch gestörter Eltern mit ihren Begabungen um.

Dabei sind die Töchter »tiefere« Opfer. Da es zu ihrem Lebensentwurf gehört, sich eine enge Beziehung zu imaginieren, knüpft sich das Opfer der Intelligenz an den Kontakt mit Männern. Der hochintelligente Sohn wird es leichter haben, Frauen zu verführen; sie werden ihn bewundern und ermutigen, seine Fähigkeiten zu entwickeln, auch wenn er sie zunächst aus Angst blockiert hat, durch sie den Kontakt mit seinen Eltern zu verlieren.

Dass das bei Frauen nicht ganz so einfach ist, zeigt eine Szene in dem Film »Blondinen bevorzugt«. Die attraktive, aber naive Schönheit (dargestellt von Marilyn Monroe) macht eine ausgesprochen kluge Bemerkung. Sie fällt so aus dem Rahmen ihres Verhaltens, dass ihr potenzieller Schwiegervater sagt: »Aber Sie sind ja gar nicht dumm!«

»Keineswegs«, sagt die Blondine. »Aber ich habe herausgefunden, dass die Männer es nicht mögen, wenn ein Mädchen klug ist!«

Hier wird die Hemmung der Intelligenz zum Spiel, zu einer intelligenten Reaktion auf den Narzissmus der männlichen Partner. Aber dieser weise Umgang mit der geistigen Rivalität zwischen Mann und Frau gelingt nur dann, wenn das intellektuelle Selbstbewusstsein nicht durch eine frühe Traumatisierung eingeschränkt wurde. Wer sich, wenn er das will, spielerisch dumm stellen kann, demonstriert einen reifen Umgang mit seiner Intelligenz.

Bei hochbegabten Frauen, die in ihren Familien eben wegen ihrer Fähigkeiten und ihres kritischen Blicks auf bornierte Eltern verachtet wurden, ist diese Fähigkeit, sich spielerisch dumm zu stellen, sich helfen zu lassen, um einen Flirt anzukurbeln, durch das gerade Gegenteil ersetzt. Es geht ihnen darum, den Männern zu beweisen, dass sie weder gebraucht werden noch attraktiv sind.

Viele narzisstisch belastete Menschen können nicht auf den Beweis ihrer geistigen Überlegenheit verzichten, selbst wenn er ihnen nicht nur nichts einbringt, sondern geradezu schadet. Ein Beispiel ist Mara, eine düstere Schönheit, von Beruf Redakteurin, die unter ihrer Einsamkeit leidet und herausfinden will, weshalb sich die Männer nach kurzem Werben von ihr zurückziehen. Es stellt sich heraus, dass sie »ihren« Männer geradezu zwanghaft vermittelt, wie dumm sie sind.

Wenn einer eine Geschichte falsch wiedergibt, eine Szene in einem Buch oder einem Film nicht genau begriffen hat, ein Fremdwort missbraucht, dann muss sie das verbessern. Aber nicht genug damit: sie verliert auch das Interesse an diesen Partnern, zieht sich von ihnen zurück und quält sich dann in ihrer Einsamkeit mit der Frage, warum die dümmsten Frauen Kerle abbekommen, sie aber nicht.

Ähnlich verschwenderisch geht mit seinen Ressourcen um, wer in einem hierarchischen Verhältnis den Vorgesetzten eine geistige Überlegenheit spüren lässt. Viele Äußerungen, die mit der Formel operieren, dass »die Chemie nicht stimmt«, hängen mit solchen Rivalitäten zusammen.

Wegen der Schärfe ihrer Kritik und der Schnelligkeit ihrer Auffassung sind Hochbegabte für ihre soziale Umgebung keineswegs einfach zu verkraften. Das bemerkt auch ein Therapeut, vor allem aber bemerken es die Hochbegabten selbst. Daher fällt es ihnen oft auch so schwer, an ihren eigenen Fähigkeiten dranzubleiben und sie nicht zu ersticken.

Es gibt viele Mechanismen, sich dumm zu machen. Wer sehr intelligent ist, aber in seinem kindlichen Selbstgefühl durch ständige Rückmeldungen beschädigt wird, er sei verrückt, schwierig, ja »blöd«, weil er nicht so denkt wie alle anderen, der ist in großer Gefahr, dieses Urteil zu übernehmen. Er gerät in den Trotz des Gekränkten, aus dem weniger Begabte oft schneller herausfinden, weil sie in ihrem Verhalten ihrer Umwelt sehr viel verständlicher werden.

Der Hochbegabte kann seine gekränkte Faulheit, seinen Trotz, seine Schlamperei, seine Protesthaltung gegen Ordnung und gezieltes Vorgehen lange ausgleichen. Er bringt, auch wenn er fast nichts tut, in der Prüfung immer noch eine durchschnittliche Leistung, weil er notfalls blitzschnell Lücken seines Wissens auffüllt, Mängel an Vorbereitung durch Geschwindigkeit ausgleicht und improvisiert.

So rutscht er durch, ohne jemals das Gefühl zu haben, er habe sich eine gute Note verdient oder er besitze wirklich gründliche Kenntnisse, die Anerkennung und Respekt von Seiten seiner Umwelt verdienen.

Wenn die psychische Hemmung der Hochbegabung nicht ausreicht, um ihre bedrohlichen Potenziale zu mildern und den narzisstisch belasteten Hochbegabten in die Wonnen des Durchschnittlichen eintauchen zu lassen, greifen viele Betroffene zu Alkohol oder Drogen, um sich zu betäuben und dumm, aber handlungsfähig zu machen. Der Alkohol mildert die Ängste vor Einsamkeit. In der Gemeinde der Trunkenen gibt es nur noch Grade des Rausches, keine Unterschiede der Begabung.

Wer schneller auffasst als andere, ist diesen voraus – und damit auch allein. Wenn dem Hochbegabten aufgrund seiner Frühstörung dieses Alleinwerden panische Angst bereitet, dann wird er versuchen, sich zu bremsen. Manche dieser Menschen berichten in der Analyse, dass sie zuhause noch genau wussten, was sie sagen wollten, dass ihnen viele Dinge auf der Seele brannten, die sie gerne besprochen hätten, dass aber jetzt, wo die Möglichkeit sich konkretisiert hätte, dem Analytiker davon zu erzählen und die offenen Fragen zu klären, ihr Kopf ganz leer sei.

Sie plagen sich dann mit dem Gedanken, ihn zu langweilen und denken nur daran, wie sie die Stunde schnell hinter sich bringen können. Manchmal wird daraus ein regelrechtes Ritual: die Stunde ist am Anfang immer zu lang, am Ende zu kurz, weil dann doch ein Gespräch entstanden ist und sich plötzlich viel Material anbietet.

Ein weiterer Aspekt der früh irritierten Hochbegabung ist die Selbst-Verdächtigung, ein Hochstapler zu sein, der andere Menschen täuscht. Ich kann in Wirklichkeit gar nichts! Ich habe nie eines der Bücher zu Ende gelesen, die ich so geschickt zitiere, nie eine der Theorien, mit denen ich irgendwie arbeite, wirklich verstanden. Zugegeben, es mag schlimmere Betrüger geben, die ein Zeugnis fälschen! Ich habe ein echtes Examen bestanden, aber eben nur, weil sich die Prüfer hereinlegen ließen und nicht gemerkt haben, dass ich die Theorie nicht wirklich verstanden hatte.

Eine Doktorandin mit diesem Dilemma ließ sich in der Analyse kaum davon abbringen, eine Arbeit in Frage zu stellen und nach Verbesserungsmöglichkeiten zu suchen, die von dem zuständigen Professor längst angenommen und hervorragend beurteilt worden. Sie konnte sich nicht vorstellen, dass die Arbeit gut genug war. Sie war dem Professor intellektuell überlegen und hielt seine anerkennenden Rückmeldungen für freundlichen Betrug. Wenn er die Arbeit lobe, sei das ein Beweis, dass er zu konfliktscheu für eine Kritik sei und versuche, sie wie ein Kind zu behandeln und abzuspeisen.

Wer tiefer in die Probleme des Dranbleibens eindringen will, kommt auf den Grundwiderspruch des individualisierten Menschen: Wir brauchen den Kontakt, um Halt zu finden, und wir brauchen die Freiheit, um uns selbst zu verwirklichen. Potenziell bedroht jeder Kontakt die Freiheit, jede Selbstverwirklichung den Kontakt. Wer die Erfahrung der genügend guten Beziehung und des mit ihr verknüpften Austauschs in sich aufgenommen hat, kann diese Klippen umschiffen. Er wird sich aus Kontakten liebevoll lösen, um seine eigenen Ziele zu verwirklichen, und daher bei diesen einsamen Wegen vor den Schrecken der Isolation geschützt sein, weil er sicher ist, dass der Rückweg nicht versperrt ist. Er wird seine selbst gesetzten Ziele energisch verfolgen, weil er daran glaubt, dass ihn Selbstverwirklichung auch fester in seinen Beziehungen verankert.

Aber diese Situation ist nicht stabil, sondern verletzlich und riskant. Sie braucht nicht nur die genügend gute Elternerfahrung in der Kindheit, sondern auch genügend gute Folgeerfahrungen. Sie kann jederzeit durch ein Trauma erschüttert werden. Dann klammert sich der unabhängige Geist plötzlich wieder an den Beifall, die Kreativität versiegt, weil eine Treulosigkeit, ein Verrat, ein Verbrechen, ein Unfall das Vertrauen in die Verlässlichkeit von Beziehungen erschüttert haben.

Viel ist gewonnen, wenn begabte Menschen lernen, ihre eigene Begabung anzunehmen und zu erkennen, dass ihre Kontaktschwierigkeiten kein Defizit ausdrücken. Dann suchen sie den Fehler nicht mehr durch Selbsterniedrigung zu beheben und können anfangen, sich mit dem Konflikt anzufreunden, der durch ihre Andersartigkeit entsteht.

Den Hochbegabten fehlt der schützende Kokon »ähnlicher« Menschen, der die meisten Personen umgibt. Sie müssen ihn sich bauen. Sie können Führung übernehmen und so den Konflikt vermeiden, der durch die Unterordnung unter geringere Begabungen entsteht. Aber die Bereitschaft, Führung zu beanspruchen, wenn sie durch die eigene geistige Überlegenheit verdient wäre, braucht ein festes Selbstgefühl und die Bereitschaft, sich zur Geltung zu bringen.

Diese Bereitschaft fehlt vielen in ihrer Kindheit verletzten, durch Verständnislosigkeit und Entwertung belasteten Hochbegabten. Sie können für ihre Umwelt sehr schwierig sein, weil sie zwar die nicht auf Verdienst beruhenden Machtansprüche anderer scharfsinnig zerpflücken, sich aber selbst vor der Macht fürchten und sie entwerten. Unendlich viel ist durch einen Partner gewonnen, der selbst hochbegabt ist und mit dem die eigenen Probleme gemeinsam ausgetauscht, angegangen und bewältigt werden können.

Viele Hochbegabte kommen zur Ruhe, wenn sie sich ihren eigenen Kokon schaffen können – ein Haus (ich denke an Thomas Bernhards Leidenschaft für alte Bauernhäuser, die er renovierte), ein Atelier. Stifters Erzählungen sind eine Fundgrube, wie er sich solche Kokons vorstellte – in der »Narrenburg« das geschichtsmächtige Schloss, im »Nachsommer« die bis in alle Einzelheiten liebevoll ausgemalten Landgüter, im »Hagestolz« das Inselkloster.

Der Hochbegabte wirkt auf sich selbst und auf andere so, als könnte er zaubern. Deshalb zaubert er oft auch und lernt nichts wirklich gründlich. Er ist mit seinen Improvisationen nicht schlechter als andere, die ihr Handwerk gelernt haben. Die hochbegabte Autorin macht sich über die Sekretärinnen in der Redaktion lustig, die gelernt haben, mit zehn Fingern zu tippen. Sie schreibt mit zwei Fingern ebenso schnell. Warum soll sie sich mit einer Anleitung abgeben und üben, was notwendig wäre, um *ihre* Fertigkeiten auszuschöpfen!

Jedes Talent entwickelt sich, wenn es ihm gelingt, die Übung der eigenen Fähigkeiten zu einem lustvollen, spannungsmildernden Geschehen zu machen, zu einer Art Meditation. Michelangelos Freude an der Steinmetzarbeit wurde schon beschrieben. Goethe berichtet von der Freude, die schönes Papier und gute Federn für den Dichter bedeuten. Arbeitstisch, Werkbank oder Töpferscheibe sind hilfreiche Strukturen, um die eigenen Fähigkeiten zu entfalten. Wer sich einredet, wahre Kreativität brauche keinen solchen Halt und kein Entgegenkommen, überschätzt seine Kräfte.

Im Umgang mit anderen Menschen wie mit eigenen künstlerischen Werken geht es darum, liebevoll und kritisch mit dem sensiblen, störbaren Prozess des Werdens umzugehen. Was wird, ist noch nicht, es kann sich noch nicht selbst verteidigen und andere durch seinen Glanz beeindrucken. Daher ist es unendlich hilfreich, eine Vision zu entwickeln, die das Bestehende verbessert, und sehr zerstörerisch, das Bestehende zu entwerten, weil es unvollkommen ist.

Das Dranbleiben der Mutter an dem verletzlichen, unfertigen Kind gleicht dem Dranbleiben des Künstlers an seiner Arbeit. Beide Vorgänge gehorchen demselben Ge-

setz und beruhen auf eng verwandten seelischen Strukturen.

Ausdauer und die Gefahr des Burnouts

Burnout wurde zuerst in den helfenden Berufen beschrieben. Wörtlich heißt Burnout Ausbrennen, es entspricht
dem Verlöschen einer Lampe, wenn das Öl verbraucht ist
oder dem Zustand eines »ausgebrannten« Gebäudes. Unter Motorradfahrern bedeutet Burnout den Verschleiß eines Reifens, wenn bei festgehaltener Vorderradbremse soviel Gas gegeben wird, dass das Hinterrad durchdreht und
der Pneu sich so stark erhitzt, dass er raucht oder Feuer
fängt. So lässt sich ein Reifen in wenigen Minuten »abfah-
ren«, ohne dass der Fahrer einen Meter vorwärts kommt.

Herbert Freudenberger, der zuerst von Burnout sprach,
beschränkte den Begriff auf die sozialen Berufe, vor allem
auf Ehrenamtliche und sozial Engagierte, in deren Arbeits-
motivation Ideale eine größere Rolle spielen als Verdienst-
möglichkeiten.[45] Wenn jemand plötzlich vermehrt an Geld
dachte und sich angesichts seines Einsatzes unterbezahlt
erlebte, war das um die Zeit, als der Begriff entstand, ein
Signal für den beginnenden Burnout. Heute wird der Begriff querbeet für alle Störungen der Stressbewältigung
und Motivation im Beruf verwendet. Auch ausgesprochen
gut bezahlte und reichlich mit Prestige belohnte Personen
des öffentlichen Lebens sprechen von ihrem Burnout und
begründen so, dass sie eine Pause machen wollen. In den
Talkshows zum Burnout tauchen inzwischen immer mehr
Spitzensportler auf, die ihre Erschöpfungen beschreiben.

Wissenschaftler können in aller Ruhe beklagen, dass Begriffe unscharf und daher für ihre Arbeit unbrauchbar

werden. Praktiker hingegen werden die neueren Wandlungen des Burnout-Begriffs mit gemischten Gefühlen zur Kenntnis nehmen. Einerseits ist es ja nicht schlecht, wenn Prestigeträger gestehen, dass sie seelische Probleme haben. Das kann dazu führen, dass sich auch weniger erfolgreiche Menschen nicht mehr schämen, psychologische Hilfe in Anspruch zu nehmen. Auf der anderen Seite geht in der öffentlichen Debatte vollständig unter, dass es einen Unterschied zwischen einer depressiven Entwicklung und beruflicher Überlastung gibt. Der Burnout-Begriff wird zum Mythos, die in ihm steckende Poesie von Feuer und Flamme, Glut und Asche wird nicht nur zum Verhängnis für seine präzise Verwendung, sondern auch zum Hindernis für eine gründliche Analyse.[46]

In einer Berufswelt, in der Motivationstrainer schreien, »ihr müsst brennen!« verwandelt sich Burnout von der ganzen Ernsthaftigkeit und Gefahr, die jeder depressiven Entwicklung zugeschrieben werden muss, zu einer Art Verwundetenabzeichen. Man hat etwas übertrieben, man braucht Erholung, vielleicht das eine oder andere Kräftigungsmittel (wer im Internet recherchiert, dem werden alsbald Johanniskraut und diverse »Stärkungsmittel« rezeptfrei angeboten). Eine Erholungskur ist smart und schick. Von einem wirklichen Umdenken, in dem Erfolgsfixierungen und Über-Erwartungen an die narzisstische Bestätigung durch die Arbeitswelt zum Thema werden, kann da nicht mehr die Rede sein.

Vielen Depressionen geht eine Szene von Selbstüberschätzung und Selbstüberforderung voraus. Diese fällt dem Betroffenen ebenso wenig auf wie seiner sozialen Umwelt; »gesunde« Depressive sind meist besonders angenehme, scheinbar belastbare und begabte Menschen. Dass sie Hilfe brauchen, wird erst deutlich, wenn der Überschwang zusammenbricht. Die Gefahr im Burnout-Begriff liegt darin, dass ein gründliches Verständnis der Vorgeschichte und der Entwicklung in die Krise hinein durch ein plakatives Modell ersetzt wird.

Aus idealistischen und engagierten Anfängern können binnen weniger Jahre ausgebrannte, lustlose, müde Arbeitskräfte werden. An die Stelle der Freude am Beruf und einem Gefühl wachsenden Könnens treten in milden Fällen Wünsche nach mehr Freizeit, besserer Bezahlung und weniger Stress.

Wenn diese Wünsche nicht erfüllt werden, schreitet der Burnout fort. Die Arbeit fällt gleichzeitig schwerer und wird nachlässiger gemacht. Urlaub ist nur so lange eine Erholung, wie die Wiederaufnahme der Tätigkeit verdrängt werden kann. Typische Burnoutopfer reagieren auf berufliche Anforderungen aggressiv oder depressiv. Der Psychotherapeut beklagt sich z.B. darüber, dass seine Patienten »schwierig« sind. Anscheinend würde er am liebsten Gesunde behandeln!

Burnoutopfer versuchen, Freizeitelemente in die Arbeit einzuschmuggeln. Sie versorgen sich am Arbeitsplatz mit Kaffeepulver und Briefumschlägen, Gratis-Telefonaten und Surfstunden im Internet – Versuche, das Ausbleiben der ersehnten Gehaltserhöhung zu kompensieren. Sie klagen ein konfliktloses, bestätigendes Team ein und sind häufig krank, weil sie es wieder einmal nicht gefunden haben.

Ein Gespräch, wie die Arbeit inhaltlich verbessert oder ökonomischer strukturiert werden kann, lehnen sie ab. In ausgebrannten Teams werden neue Mitarbeiter teils ignoriert, teils überfordert und mit Vorwürfen traktiert, weil sie nicht genügend entlasten, sondern verlangen, eingearbeitet zu werden. Ausgebrannte Führungskräfte jammern über ihre unfähigen Mitarbeiter und schieben Entscheidungen vor sich her – sie sind so überlastet!

Die Untersuchungen, in welchen Situationen Burnout auftritt, lesen sich wie ein Anti-Lehrbuch zur Entwicklung von Professionalität. Bevorzugte Burnoutopfer sind Personen, die nicht ihre inhaltliche Arbeit als erfüllend erleben, sondern sich nach Anerkennung und Erfolg sehnen. Aber es gibt auch Arbeitsplätze, die zu Burnout prädestinieren.

Je weniger Möglichkeiten der Selbstbestätigung in der Arbeit bestehen, je mehr öde Routine einen Prozess ersetzt, in dem »Übung den Meister macht« desto ausgeprägter macht sich Burnout bemerkbar. Das beste Gegenmittel ist, kreative Bedürfnisse in der Arbeit zuzulassen und Möglichkeiten der Integration von Selbst- und Fremdbestimmung anzubieten. Wo die Arbeit neugierig macht und den Eindruck vermittelt, jeden Tag etwas hinzuzulernen, ist Burnout selten.

Von ausgebildeten Krankenschwestern verlassen binnen der ersten zwei Jahre in der Regel mehr als 50 Prozent wieder diesen Beruf.[47] Ärztinnen sind weniger fremd bestimmt, sie haben daher bessere Chancen, sich in ihrer Tätigkeit zu entwickeln und ihren Beruf mit wachsendem Können gern auszuüben. Sie dürfen hoffen, ihr Arbeitsfeld zunehmend selbst zu gestalten.

Die bereits erwähnte »Dehnungsfuge«, der sinnvolle Abstand zu der Aufgabe, an der ich dranbleiben will, bestätigt sich angesichts der Burnout-Problematik. Es geht darum, zwischen Perfektionismus und jener Leistung zu unterscheiden, die »gut genug« ist, kleine Variationen zulässt und auf diese Weise die Handelnden für neue Erfahrungen öffnet.

Wer an einem starren Bild seiner Aufgabe klebt und sich nicht von ihr distanzieren kann, gerät unter so hohe Belastungen, dass seine Motivation zerbrechen kann. Eine Altenpflegerin, die sich vorstellt, alle Bewohnerinnen müssten durch ihre Arbeit glücklich, zufrieden und zugewandt werden, wird schnell ausbrennen, wenn sie sich von diesem Bild nicht verabschiedet.

Sie kann nur dann an ihrer Aufgabe dranbleiben, wenn sie akzeptiert, dass sie viele der Gepflegten nicht zufrieden stellen kann, weil auch gute Pflege den Kummer über die Einbußen und Hinfälligkeiten des Alters nicht auslöschen kann. Sie wird sich dann von naiven Idealen distanzieren und doch offen bleiben für die Glücksmomente in ihrer Arbeit.

Sie wird erkennen, wie wichtig die Aufgabe ist, auch Unzufriedene zu betreuen und jede Person, für die sie Verantwortung trägt, nach ihren Kräften zu unterstützen. Sie wird auch lernen, sich nicht aufzuopfern, sondern mit ihrem Arbeitgeber und ihrem Team in einen stabilen Austausch zu treten, in dem Erholung und Freizeit ebenso ihren Platz haben wie Engagement und Entwicklung.

Wer in seiner Arbeit das Gefühl bewahrt, dass er sie durch seine Praxis mit weniger Mühe und besserem Gelingen leisten kann, brennt nicht aus. Dazu muss er aber auch bereit sein, sich jeden Tag mit unrealistischen Ansprüchen auseinander zu setzen, die nicht nur seinen Erfolg in dieser Arbeit betreffen, sondern auch die Anerkennung, welche sie ihm von Seiten seiner Umwelt verschafft.

Im Burnout verbrennt die Realität der handwerklichen Befriedigung, weil die Illusion über den Beruf feuerfest ist. Im Dranbleiben werden die Illusionen über den Beruf zurückgenommen und eine Stabilität der Motivation gewonnen, die auf dem Stolz beruht, etwas um seiner selbst willen gut zu machen.

Gegen Burnout helfen moralische Einreden nur wenig. Bessere Arbeitsbedingungen und vor allem eine höhere

Achtsamkeit für die Reibungsverluste durch schlechte Führung sind wirksamer. Aber wenn wir ein Gegenmodell – eine Art Gegenfeuer – zum Ausbrennen suchen, finden wir es in der Entwicklung von Professionalität. Professionelles Arbeiten heißt nicht Wunder zu tun, sondern ein wissenschaftlich oder handwerklich[48] fundiertes Können zu entwickeln und dieses als Beitrag zur Festigung des eigenen Selbstgefühls zu verwerten. Auf dieser Grundlage gelingt es dann, sich von Rückmeldungen frei zu machen, welche die Professionalität nicht respektieren.

In traditionellen Gesellschaften waren der moralisch gute und der in beruflichen Anforderungen kompetente Mensch identisch. In einer komplexen Gesellschaft reichen guter Wille und ethische Orientierung nicht aus. Es muss sich eine spezifische Haltung entwickeln, in der eine gesellschaftlich wichtige Leistung erlernt, überwacht und nicht nur nach bestem Gewissen, sondern auch nach bestem Wissen ausgeführt wird.

Das professionell Richtige gleicht manchmal dem emotional und intuitiv »Guten«, aber es kann sich auch erheblich von ihm unterscheiden. Ein lehrreiches Modell ist die Triage (»Drittelung«): Bei einer Katastrophe mit vielen Verletzten und einem einzelnen Helfer wird der gute Samariter versuchen, dem ersten Verwundeten, den er sieht, mit allen Kräften zu helfen. Der professionelle Sanitäter hingegen wird den Verwundeten erst einmal liegen lassen und sich einen Überblick verschaffen. Dann wird er die tödlich Verletzten ebenso wie die Leichtverwundeten beiseitelassen und sich jenen Opfern zuwenden, die seine Hilfe am meisten brauchen. Um das zu leisten, muss er seine spontanen Impulse steuern und sich an seinem Wissen orientieren.

Wer professionell arbeitet, sucht nach Lösungen, die seine Arbeitskraft erhalten und entwickeln. Er erwartet

Respekt für seine Arbeit und sein Können, aber er ist auf Unzufriedenheit gefasst und in der Lage, mit ihr professionell umzugehen. Er will seine Arbeit um ihrer selbst willen leisten, nicht um Anerkennung zu ernten. Daher bricht seine Motivation nicht zusammen, wenn diese ausbleibt.

Manchmal wird eine solche Haltung mit einer kalten, distanzierten Umgangsform identifiziert, als sei es egal, ob professionelle Arbeit von einem Menschen oder einem Roboter geleistet wird. Aber zur professionellen Arbeit von Menschen mit Menschen gehören Einfühlung, Freundlichkeit, Höflichkeit und Rücksichtnahme. Sie für unnötig zu halten, ist für Lehrer, Verwaltungsbeamte, Ärzte oder Pflegende unprofessionell.

Wer seine Arbeit so sieht lässt sich nicht zum Opfer seiner Umgebung machen, sondern geht mit seiner Arbeitskraft unternehmerisch um. Das ist leichter, wenn die ausgeübte Profession Ansehen genießt. Mediziner oder Juristen werden im Allgemeinen in ihrem Fachwissen respektiert; wer nicht zur ihrer Zunft gehört, hält sich mit Einreden zurück. Ein Arzt wird es sich verbitten, wenn ein medizinischer Laie ihm in seine Behandlung hineinkommandiert; ein Jurist wird einen Einwand gegen seine Gesetzesauslegung durch einen Nicht-Juristen zurückweisen. Manche burnoutgefährdete Berufe, wie Kranken- und Altenpflegerinnen, Erzieherinnen und Sozialpädagoginnen haben dieses Selbstbewusstsein nicht. Sie lassen sich von angemaßten Autoritäten beeindrucken.

Wenn der Jugendamtsleiter, ein Jurist, besser zu wissen glaubt, wie die familientherapeutische Betreuung einer Problemfamilie aussehen sollte, wird ihn die zuständige Sozialpädagogin respektvoll anhören und sich unter Umständen verunsichern lassen. Können wir uns das auch bei einer Chirurgin vorstellen, der ein Anwalt erklären will, wie sie ihre Patientin operieren soll?

Die Betrachtung des Burnout kann die Untersuchung über die Kunst des Dranbleibens in die gesellschaftliche Dimension hinein öffnen. Wie der Burnout, ist auch das Dranbleiben ein Geschehen, das sich in einzelnen Menschen vollzieht, aber nicht allein von deren Willenskraft und Entscheidungsfreude abhängt, sondern auch von ihrer Umgebung.

Wer seelisch sehr belastbar ist, kann widrige Umstände länger ausgleichen als der Kränkbare oder Verunsicherte. Aber kein Mensch kann dauerhaft gut arbeiten, wenn er den Kontakt mit anderen Menschen entbehren muss. Beziehungen werden durch gelingenden Austausch gefestigt. Wenn ein Partner durch eine Nachlässigkeit oder einen Konflikt gekränkt ist und sich zurückzieht, wird sich in einer gelingenden Beziehung der andere Partner bemühen, diesen Rückzug aufzufangen. Er steigert seine Bemühungen, im Kontakt zu bleiben, bietet Gespräche über die Kränkung an, ist bereit, sich zu entschuldigen – gewiss, es gab ein kleines Problem, aber das kann doch nicht das große, positive Feld der Beziehung auslöschen.

In einer vom Burnout bedrohten Beziehung ist es gerade umgekehrt: Die kleine Kränkung, der winzige Rückzug werden nicht ausgeglichen, sondern durch Vorwürfe vertieft. Die Arbeit wird einem perfektionistischen Bild unterworfen, in dem es keine kleinen Schwankungen und lösbaren Differenzen mehr gibt, sondern nur gute Mitarbeiter oder Versager und Bösewichte, die einen Idealzustand gefährden. Wenn das enttäuschende Teammitglied nicht zu Kreuze kriecht, ist es nichts wert und soll sich zum Teufel scheren.

Wer viele gute Beziehungen hat, tut sich leicht, eine Krise durch Entgegenkommen und Kompromissbereitschaft zu entschärfen. Wer alles auf eine Person setzt und sich in seinem Selbstwert von ihr abhängig fühlt, gerät in Gefahr, die Krise durch wütende Drohungen und Kompromisslosigkeit zu eskalieren.

Wer in seinem Beruf vielfältige Aufgaben und damit verbunden Erfolgserlebnisse und Entwicklungsmöglichkeiten hat, wer sich von der Gesellschaft anerkannt und von seinen Vorgesetzten und Kollegen respektiert fühlt, der hat es nicht nötig, angesichts kleiner Kränkungen sein Engagement aufzugeben und sich zurückzuziehen.

Das Dranbleiben steht für das Bestreben, die Realität so anzunehmen, wie sie ist. Die Wirklichkeit ist nicht gut, aber doch das Beste, was wir haben können. Wenn wir gekränkt sind, wächst die Gefahr, nach Illusionen zu greifen, welche unser Leid verdrängen. Diese Illusionen vertiefen die Schwierigkeiten, weil sie die Fähigkeit schwächen, bei den realen Möglichkeiten einer Veränderung zu bleiben.

9. Das Selbstgefühl verankern

Sich an Illusionen klammern – manische Abwehr

Das Bessere seh ich und lob ich,
Schlechterem folget das Herz.[49]

Gegenwärtig gibt es einige Bereiche, in denen solche Verleugnungen der Wirklichkeit und die Verweigerung des Dranbleibens bedrohliches Ausmaß angenommen haben. In der Konsumgesellschaft fällt es immer mehr Menschen schwer, ernsthaft über die Folgen ihres Verhaltens nachzudenken. Wie kann es geschehen, dass Menschen um die schädlichen, selbst lebensgefährlichen Qualitäten ihres Handelns wissen und doch darin fortfahren? Es ist sinnlos, einem Trinker oder Raucher zuzureden, dass er seine Gesundheit ruiniert: er weiß es längst und kann doch nicht aufhören. Dieser Zusammenhang ist lange bekannt. »Der Weg zur Hölle ist mit guten Vorsätzen gepflastert«, sagt ein Sprichwort.

Psychologisch gesehen, entsteht in diesen Fällen eine Art innerer Wettlauf zwischen den Kräften des Dranbleibens und jenen einer manischen Abwehr durch Realitätsverleugnung. Von manischer Abwehr sprechen wir dann, wenn etwa der Gekränkte behauptet, ihm mache das Geschehene gar nichts aus, wenn im Risikosport angesichts eines Unfalls der Konkurrent sagt, ihm würde so etwas nie passieren, wenn der abgeblitzte Liebhaber schwadroniert, er sei unwiderstehlich, könne tausend Frauen haben, an diesem langweiligen Mädchen liege ihm nicht das Geringste.

Ohne ihre Illusionsfähigkeit wäre die Menschheit wohl längst ausgestorben. Wir brauchen die irrationale Überzeugung, dass es schon gut gehen wird, um Elternschaft zu riskieren. Die Fähigkeit, dort der Vernunft zuwider zu handeln, wo es um Fortpflanzung geht, ist wohl auch ein Motor dafür, dass wir technische Neuerungen und wirtschaftliche Prinzipien in die Welt setzen, die uns ähnlich zerstören, wie es verwöhnte, ungezogene Kinder tun können. Auch von diesen haben die Eltern ja einmal geglaubt, sie würden sie glücklicher machen.

Wer die Szene betrachtet, muss zu dem Schluss kommen, dass der Kampf zwischen der Spaltung (dem seelischen Prinzip, das wir mit der Geschichte von Hans im Glück illustriert haben) und dem Dranbleiben nicht entschieden ist. Im Gegenteil: es kommen neue Spaltungen hinzu. Wenn Christen einmal geglaubt haben, ihre Religion sei gegen fundamentalistische und terroristische Anwandlungen gefeit, so müssen sie nicht lange suchen, und sie finden die bösartigsten Spaltungen auch in der Welt der Bibelgläubigen.

Bis heute ist die Spaltung der Welt in ein Reich Gottes und ein Reich Satans ein geistiges Urmuster des Terrorismus geblieben. Gewalt ist eine absolute Kategorie. Wer einem Mitmenschen den Schädel einschlägt, kann das nicht rückgängig machen. Um dazu bereit zu sein und alle in einer normalen Biographie erworbenen Rücksichten aufzugeben, ist ein primitives Muster von schwarz und weiß notwendig.

Die seelischen Strukturen, welche uns helfen, Kränkungen so konstruktiv wie möglich zu verarbeiten, bilden sich langsam und bleiben prekär. Das Kind ist auf Personen angewiesen, die seine Kränkbarkeit mildern. Seelische Traumatisierungen entstehen immer dann, wenn die Versorgung mit solchen Personen nicht ausreicht. Besonders verheerend sind die Folgen, wenn solche Anlehnungsbedürfnisse gerade von den Menschen nicht erfüllt werden, von denen ich mir Schutz und Stütze erwarte.

Damit geht der Reizschutz verloren, es entstehen erhöhte Ansprüche an Selbstobjekte. Da diese oft nicht erfüllt werden, sind traumatisierte Personen in Gefahr, erneut verletzt zu werden, weil sie auf kleine Kränkungen mit Wut reagieren und Menschen von sich abstoßen, an deren Zuwendung ihnen gelegen ist.

Kontaktvermeidung – soziale Ängste

Der Psychoanalytiker begegnet täglich Menschen, die sehr einsam sind. Vielleicht lernen sie mit seiner Hilfe langsam und mühsam, dass diese Einsamkeit damit zusammenhängt, dass sie unbewusst auf der Suche nach einem Selbstobjekt sind und daher von den realen Menschen, mit denen sie Kontakt haben, chronisch enttäuscht bleiben müssen. Sie suchen eben den oder die »Richtige(n)«.

Unsere Wahrnehmung der Wirklichkeit beruht auf einem ständigen Korrekturprozess, in dem wir phantastische Entwürfe wieder zurechtrücken. Diese »Richtigen« sind ein solches Phantasma. Da die meisten Menschen völlig überzeugt sind, auch dort eine Außenwelt wahrzunehmen, wo ihnen die Innenwelt Streiche spielt, sind neuropsychologische Grenzfälle so lehrreich.

Denken wir etwa an die Phantomschmerzen. Hier schmerzen oder jucken amputierte Glieder. Niemand kann sich an einem Fuß kratzen, der nicht mehr da ist. Men-

schen, die wie besessen nach dem »richtigen« Lebensge-
fährten Ausschau halten, suchen oft in ganz ähnlicher
Weise äußere Lösungen für innere Probleme.

In Mangelzuständen entwickelt das Ich eine gesteigerte
Wahrnehmung für Quellen von grandioser Steigerung der
eigenen Bedeutung, des eigenen Wertes. Es blickt sozusagen um sich, sucht nach Möglichkeiten, zu idealisieren,
sich zu verlieben, sich zu identifizieren, an fremder Grandiosität auf die eine oder andere Weise zu partizipieren.
Auch dieses Streben ist heute der privaten, erotischen Lösung entrissen worden. Es gibt Angebote, die das Selbstgefühl nicht nur kräftigen und spiegeln, wie die Verliebtheit,
sondern versprechen, den Traum der Grandiosität zu erfüllen.

Hier setzen die Formate an, welche dem Durchschnitts-
menschen versprechen, ein *Superstar* zu werden. Wer bisher
einsam seine Größenphantasie gepflegt hat, fühlt sich ver-
lockt, endlich die herausgehobene Position zu gewinnen,
von der er bisher geträumt hat. Dieses mediale Geschehen
ist eine moderne Variante archaischer Sündenbock-Rituale.
Mit dem Versprechen, sie von ihrer Bedeutungslosigkeit zu
erlösen, werden die Bewerber dem Bedürfnis der öffentlichen Freude an fremder Niederlage geopfert, Sündenbö-
cke für die angesammelten Kränkungen der Zuschauer.

Im Fernsehstudio fließt kein Blut, aber die Stimmung erinnert an die Gladiatorenspiele der alten Römer. Angeblich
haben auch damals kritische Geister versucht, die Massen
zu bilden und nicht durch ein rohes Schauspiel abzulenken.
Aber in der überfüllten, von Verelendung bedrohten Me-
tropole war der blutige Genuss bei den Massen beliebter.

2002 haben die Gründerinnen der Kunst-GmbH
»Wahnsinn und Methode«[50] ein Buch herausgebracht, das
die fatale Macht des Bildschirms in der Gestaltung narzis-

stischer Störungen zeigt: »Damit bin ich gemeint«.[51] Wer in der Realität mit anderen um Aufmerksamkeit konkurriert, muss sich der Rivalität und der Kritik stellen. Wer sich aber mit den erwählten Helden von Kino und Fernsehen identifiziert, kann sich als etwas ganz besonderes fühlen und doch im Verborgenen bleiben. Der Bildschirm, auf den er schaut, wird zum Spiegel, zum Objektiv der Kamera: *Damit bin ich gemeint.* Es gibt eine wachsende Zahl von Menschen, welche Fernsehsender bedrängen, endlich Geld für ihr Leben zu bekommen, das sie von den Seelenfängern dort geraubt und öffentlich feilgeboten glauben.

Wer moderne Paare in ihren Beziehungskrisen beobachtet, dem drängt sich oft das Bild des Zapping auf. Wer aus dieser Welt, die ihn stundenlang eingesaugt hat, in die reale Welt zurückkehrt, hat es nicht leicht, sich damit abzufinden, dass beispielsweise eine spröde Partnerin sich nicht durch einen Knopfdruck in eine hingebungsbereite Geliebte verwandeln lässt.

Die Strukturen, welche uns helfen, Kränkungen zu verarbeiten, bilden sich langsam und sind immer bedroht. Das Kind ist auf Selbstobjekte – Personen, die seine Kränkungsverarbeitung selbstlos unterstützen – angewiesen, der Erwachsene meist auch mehr, als er es sich wünscht. Seelische Traumatisierungen verschärfen sich zur Unerträglichkeit, wenn die Versorgung mit solchen Objekten nicht ausreicht. Damit entstehen erhöhte Ansprüche an mögliche Selbstobjekte, die sich gar nicht für den Betroffenen zuständig fühlen.

Indem die Bildschirmpersonen zu uns kommen, in unsere Intimsphäre, verführen sie auch dazu, intime Bedürfnisse in sie zu projizieren. Die Arbeit an der Realität, in unserer biologischen wie auch kulturellen Entwicklung immer Handarbeit, wird zur reinen Augensache. Die Versuche, Kränkungen zu bewältigen, schießen aus dem Bildschirm direkt in das Gehirn. So entsteht eine zwischen »gut« und »schlecht« blitzschnell wechselnde Erlebniswelt, in der das verlangsamende Motiv der Handarbeit ebenso fehlt wie das der Beinarbeit, der Bewegung aus eigener Kraft. Wir sind blitzschnell an tropischen Küsten, in den Tiefen der See, in den Weiten des Alls und doch auch gleich wieder zuhause.

Diese imaginären Reisen übersteigern und beschleunigen die Reisegeschwindigkeiten noch einmal, welche Dampfschiff und Eisenbahn, Automobil und Flugzeug ermöglicht haben. Das Unerträgliche kann in der Phantasie ebenso schnell verlassen werden wie das Paradies gefunden. Beides ist virtuell, aber wir sollten uns eigentlich nicht wundern, wenn multipel gekränkte Menschen die Bildschirmwelten der Realität vorziehen.

Diese Gefahr äußert sich gegenwärtig besonders heftig unter jungen Männern in den reichen Industrienationen. Mehr und mehr zieht sie die virtuelle Welt in ihren Bann, verwöhnt sie mit ihren Illusionen einer per Mausklick kontrollierbaren Welt, die nicht so »blöd«, so kränkend und unberechenbar wie die Wirklichkeit von Schule, Geschwistern, Eltern und Kameraden ist.

Sie gehen nicht mehr aus dem Haus. Sie sind nicht aus dem Bett zu bekommen, finden Ausreden wie Kopfschmerzen, konnten angeblich die Nacht nicht schlafen. Sie gehen nicht mehr in die Schule oder in die Universität. Aber sie vermeiden auch die Freizeitangebote für junge Leute. Sie sind am liebsten zuhause, bleiben in ihrem Zimmer, sehen fern, surfen im Internet.

Sie nehmen nicht gern an den Familienmahlzeiten teil, gehen lieber nachts an den Kühlschrank und wärmen eine Pizza in der Mikrowelle, wenn sie Hunger haben. Sie fallen aus ihrer Schulklasse oder ihrem Studium heraus, versäumen ihre Prüfungen und finden den Anschluss nicht mehr.

Sie wollen vor allem eines: in Ruhe gelassen werden, sich zurückziehen dürfen, ihr eremitisches Leben selbst bestimmen, das sie mit heimlichen Ritualen füllen. Wie andere Süchtige versprechen auch die Bildschirmsüchtigen alles, um ihr Suchtmittel zu bekommen. Nächste Woche werden sie wieder in die Schule gehen, im Herbst werden sie sich in einem Internat vorstellen, jetzt lohnt es doch nicht mehr, sie werden eine Klinik aufsuchen, sobald es ihnen etwas besser geht, sie werden den nächsten Termin beim Therapeuten bestimmt nicht wieder versäumen. Diese Versprechungen sollen die drängenden Eltern beruhigen, die diesen Zustand beenden wollen.

Am weitesten verbreitet ist dieses Phänomen in Japan, wo diese jungen Männer *Hikikomori* genannt werden. Sie verlassen nicht mehr freiwillig die elterliche Wohnung, sehen keine Freunde, empfangen keine Besuche. Hikikomori ist zusammengesetzt aus hiku = ziehen und komoro = zurückweichen. Der Psychologe Tamaki Saito, der den Begriff eingeführt hat, schätzte die Zahl der betroffenen Jugendlichen auf eine Million. In Japan wird von den Gesundheitsbehörden als Zahl der dokumentierten Fälle 50 000 genannt. Aber die wenigsten Fälle werden öffentlich.

Versagen ist in Japan so schambesetzt, dass sich tausende von Arbeitslosen morgens in makellosen Anzügen auf den Weg machen und den Tag in Parks oder Bibliotheken verbringen. Bei Jugendlichen führen Ängste vor Beschämung in einen Teufelskreis. Die Fragen der Lehrer, der Eltern, der Klassenkameraden, der früheren Freunde werden immer peinlicher, je mehr sich das Vermeidungsverhalten ausprägt. Schließlich kann der Betroffene allen Versuchen, ihn aus seinem Schneckenhaus herauszuscheuchen, nur durch einen noch energischeren Rückzug begegnen.

Die Hikikomori in Japan, wo die Familien viel geduldiger und verschwiegener mit diesen Mönchen im Web-Kloster umgehen, belegen auch Spontanheilungen und die Chancen einer Immunität gegen die Verführungen der Bildschirmwelten. Die Mehrzahl der Hikikomori nimmt irgendwann wieder Kontakt zur Umwelt auf. Einige verharren Jahre in diesem Rückzug. Eine Minderheit verlässt ihre Einsiedler-Klause erst notgedrungen, wenn die Eltern sterben.

Traumatisierung durch Verwöhnung

In den Ballungszentren der Konsumgesellschaften wird gegenwärtig etwa jede zweite Ehe geschieden. Die Situation vor, während und nach einer Trennung führt häufig zu einer erzieherischen Haltung, die sich als traumatische Verwöhnung beschreiben lässt. Beide Elternteile haben Schuldgefühle gegenüber den Kindern, versuchen, ihnen eine heile Welt vorzuspiegeln und sie durch Verwöhnung über die realen Konflikte hinwegzutrösten.

»Ich würde es Dir ja erlauben, aber die Mutter ist dagegen …« »Ich würde es Dir ja kaufen, aber der Vater zahlt nicht genug Unterhalt …«.

Unsere Fähigkeit zum Dranbleiben wird durch Verwöhnung gelähmt. Sie entwickelt sich durch produktive Versagungen, d.h. durch Hindernisse, welche unsere Kräfte üben und dadurch stärken. Zu leichte Aufgaben langweilen, zu schwere überfordern. In dem Feld dazwischen lernen wir; hier entstehen seelische Strukturen, die zwischen Außen- und Innenwelt vermitteln. Das Kind lernt, dass zwar nicht alle Wünsche erfüllt werden, bleibt aber in der Versagung mutig und verliert nicht die Hoffnung, dass die Wunscherfüllung noch kommen wird.

Das verwöhnte Kind identifiziert die Versagung eines Wunsches mit einem Versiegen der Quelle, aus der Befriedigung kommt. Es kann nicht zwischen sinnvollen und sinnlosen Frustrationen unterscheiden, nicht prüfen, ob eine kurze Hungerperiode nötig ist, um später die Befriedigung zu stabilisieren und zu sichern.

Werden Wünsche in einem bisher von Verwöhnung bestimmten Klima versagt, kann ein primitiver Racheimpuls, der sozusagen den eigenen Untergang in Kauf nimmt, manchmal nicht mehr unterdrückt werden. Die Gewalt resultiert aus einem Zusammenbruch der vernünftigen, die Strategie des kleineren Übel suchenden Ich-Strukturen, den Strukturen des Dranbleibens. Da die Fähigkeit nicht entwickelt ist, zwischen größeren und kleineren, vollständigen und vorübergehenden Frustrationen zu unterscheiden, wird die kleine Enttäuschung als Signal für eine drohende, totale Versagung gedeutet. Gegen diese ist Kampf mit allen Mitteln geboten.

Nicht nur die triebhafte Gier, sondern auch ebenso primitive Schuldgefühle und chronische Unzufriedenheit über die eigene Strukturlosigkeit setzen das steuernde Ich unter Druck und entreißen ihm die Kontrolle. Wie beim Kehraus auf dem Maskenball soll der Mutter, von der man sich gerade aufgrund dieser Strukturlosigkeit und Unfähigkeit zur Autonomie völlig abhängig fühlt, die hässliche, böse Larve vom Gesicht gerissen werden. Ist die böse erst zerstört, so die unbewusste Erwartung, wird die liebevolle, alles verzeihende und spendende Mutter wieder zum Vorschein kommen.

Es ist schon dreißig Jahre her, aber solche Erlebnisse vergisst man nicht: Auf einem Badeausflug mit dem Fahrrad an einem schönen Junitag sauste ich Kopf voran auf den Teerbelag der Straße. Später rekonstruierte ich, dass meine vierjährige Tochter, die vor mir auf einem Schalensitz saß, mit dem Absatz ihrer Holzsandalen in die Speichen geraten war. Sie plumpste auf mich und blieb unverletzt. Meine Oberlippe war gerissen, Platzwunden im Gesicht, Steinchen steckten in der Stirnhaut. Gottlob nichts gebrochen und kein Zahn ausgeschlagen!

Ich fand den Chirurgen, in dessen Praxis ich gebracht wurde, eine ehrfurchtgebietende Persönlichkeit, mindestens einen Kopf größer als ich, breitschultrig, Ruhe ausstrahlend. Er injizierte ein Lokalanästhetikum, säuberte die Schürfwunden und nähte den Riss in der Oberlippe. In einer Woche sollte ich wieder kommen.

Nach sieben Tagen waren die Wunden gut geheilt und ich suchte den Arzt wieder auf. Als ich vor ihm saß und er die Fäden zog, erkannte ich ihn kaum wieder. Er war viel kleiner, wirkte eher schüchtern und hatte Mundgeruch.

In der Psychoanalyse beschreiben wir eine solche Verwandlung als Folge einer Spaltung und als Abbau einer Idealisierung. Gelegentlich bin auch ich selbst das Opfer solcher Prozesse geworden; wenn etwa ein Fortbildungsteilnehmer enttäuscht sagte: »Jetzt bin ich aus der Schweiz angereist, um endlich den Autor dieses großartigen Buches kennen zu lernen – und was finde ich? einen Psychoanalytiker!«

Der mit solchen Spaltungen einhergehende Realitätsverlust verstärkt die Probleme in unserem Gesundheitswesen. Hier lässt sich die Wirkung dieser Dynamik sehr gut aufzeigen: Ärzte sind der Beruf mit dem höchsten Prestige – und der, gegen den die bissigsten Witze gemacht werden – etwa so: Was unterscheidet den Psychiater von seinem Patienten? Antwort: Der weiße Kittel und der Besitz des Hausschlüssels! Oder so: Der Internist weiß viel und kann nichts, der Chirurg kann viel und weiß nichts, der Psychiater weiß nichts und kann nichts! Oder grundsätzlicher: Die Medizin ist jenes System von Ablenkungen, das dem Kranken erlaubt, von selbst gesund zu werden. Ebenso: Wenn wir alle Medikamente ins Meer werfen, ist das gut für die Menschen und schlecht für die Fische. Oder: Wenn Sie vor der Praxis des Kardiologen in Ohnmacht fallen, haben Sie ein Herzproblem; wenn es ein Neurologe ist, sind es die Nerven, und wenn es ein Urologe ist, ganz bestimmt die Nieren!

Manche dieser zynischen Pointen haben einen wahren Kern; andere sind pure Entwertung und damit ein Hinweis, wie stark unsere Erwartungen an die Helfer von Illusionen bestimmt sind. Die Medien schlagen gerne in solche Kerben. Das beginnt in den beliebten »Praxistests«, in denen fast jeder abgefilmte Arzt betrügerisch abrechnet, jeder Zahnarzt für viele tausend Euro überflüssige Kronen verkaufen möchte. Es endet bei dem Reporter, der zu einer Protestveranstaltung angereisten Fachärzten, die gerade aus einem Mercedes oder Porsche steigen, das Mikrophon vor die Nase hält und ein Statement zu ihrer drohenden Verarmung fordert.

In den meisten Fällen leisten die Ärzte ihre Arbeit zur völligen Zufriedenheit der Kranken. Sie tun weder zuviel noch zuwenig und ertragen es, dass sie, wie mein Chirurg, erst größer und nachher kleiner erlebt werden als sie sind. Wenn wir es mit einem realistischen Umgang mit den Ärzten und einer sinnvollen Entwicklung des Gesundheitswesens so schwer haben, liegt das auch am Versagen von uns Patienten, unsere Ärzte durch Rückmeldungen zu unterstützen. Der großstädtische Arzt lebt in einem Vakuum. Wenn er seine Arbeit gut macht, wird er vergessen; wenn er einen Fehler macht, kehrt ihm der Patient stumm den Rücken und sucht sich einen neuen Arzt oder beauftragt einen Anwalt.

Wer krank ist und wieder gesund wird, möchte an seine Krankheit so wenig erinnert werden wie möglich. Das heißt, dass der Arzt in der Regel keine Anerkennung für das erhält, was er gut gemacht hat. So kann er kein realistisches Selbstgefühl aufbauen, sondern bindet sich ebenfalls an die Idealisierung. Das hat zur Folge, dass viele Ärzte extrem kränkbar sind und ein Streit zwischen Chirurgen an einer Universitätsklinik Dimensionen legendärer Rosenkriege annehmen kann.

Die Klage, wie schwer es ist, einen vertrauenswürdigen Arzt zu finde, höre ich oft. Aber Vertrauen wächst nur dort, wo Konflikte nicht durch Rückzug bewältigt werden. Gegenwärtig haben sich viele Ärzte bereits auf negative Zustände eingestellt, die sie dann durch ihr Verhalten aufrecht erhalten.

Neulich erzählte mir eine Kollegin vom Leidensweg einer Frau. Sie behandelte die 57-Jährige wegen Depressionen und heftiger Gelenkschmerzen. Die Psychotherapie hatte bereits einige Erfolge erreicht, unter anderem die Patientin so ermutigt und gestärkt, dass sich diese von ihrer Abhängigkeit von Medikamenten befreien konnte und mit eisernem Fleiß täglich die in einer Schmerzambulanz erlernten gymnastischen Übungen machte.

Die Patientin ist seit mehreren Jahren arbeitsunfähig; es ist ihr auf den ersten Blick anzusehen, dass sie zwar ihren Haushalt erledigen, aber sicher nicht in ihren Beruf als

Verkäuferin zurückkehren kann. Sie braucht doppelt so lange wie andere, um die vier Treppen zur Praxis hoch zu steigen; sie braucht Hilfe, um sich des Mantels zu entledigen. Jetzt stand die Entscheidung über eine Berentung an.

Die Patientin hatte bis vor einigen Jahren immer gearbeitet und brach zusammen, als der bisherige, fürsorgliche Chef den Laden verkaufte, in dem sie seit vielen Jahren bedient hatte. Sein Nachfolger kritisierte sie ständig– sie sei zu langsam, spreche zuviel mit den Stammkunden, mit ihr könne er keine jüngere Kundschaft gewinnen. Sie nahm sich alles sehr zu Herzen, schluckte immer mehr Schmerzmittel, um arbeitsfähig zu bleiben, wurde immer öfter krankgeschrieben und kam in einem schwer depressiven Zustand in Psychotherapie.

Angesichts der anstehenden Berentung schickte nun der Orthopäde, der die Entscheidung nicht verantworten wollte, die Kranke zu einem Rheumatologen. Dort musste sie viele Stunden warten; als sie endlich drankam, untersuchte der Arzt sie nicht, sondern schickte sie nach ein paar Sätzen zur Blutentnahme und bestellte sie nächste Woche wieder ein. Wieder musste sie einen halben Tag warten und erhielt dann, wiederum ohne Untersuchung und ohne ein eingehendes Gespräch, den Bescheid, Rheuma habe sie nicht, sie müsse eine radiologische Untersuchung machen. »Er hat mich nie angeschaut, aber er soll doch das Gutachten für die Rente schreiben«, klagte die Patientin. »Ich kann doch nicht mehr arbeiten!«

Der Radiologe war gründlich und freundlich, die Patientin ließ ein Kernspintomogramm über sich ergehen und schluckte eine radioaktive Flüssigkeit, deren Verteilung im Körper aufgezeichnet wurde. Das Ergebnis war längst bekannt: die Gelenke sind deformiert, die Patientin wurde auch noch auf einen Wirbelsäulenschaden hingewiesen – »er hat gesagt, da liegen die Knochen fast aufeinander«, der ihr ihre chronischen Rückenschmerzen besser erklärte.

Meine Kollegin empörte sich über das Desinteresse des Orthopäden und des Rheumatologen. Ich suchte sie zu beruhigen, ich habe oft in Balintgruppen mit Ärzten gearbeitet und kenne auch deren Dilemma: Sie würden gerne Kranke behandeln, aber oft genug sollen sie Leiden verwalten und Privilegien verteilen. Bei Schmerzpatienten ist das besonders knifflig: »Mit diesen Gelenken, mit dieser Wirbelsäule bin ich arbeitsunfähig«, sagt der Patient, zeigt das Bild, zitiert einen Orthopäden oder Radiologen. Aber der kritische Arzt weiß auch, dass viele Männer und Frauen, die schmerzfrei ihrer Arbeit nachgehen, genau dieselben Befunde auf dem Röntgenbild haben.

So überweist der Orthopäde zum Rheumatologen, der Rheumatologe zum Radiologen, die Psychotherapeutin wird auch irgendwann gefragt, alle wollen sich absichern, weil das Sozialgesetz ihnen vorschreibt, zwischen »echten« und »eingebildeten« Schmerzen zu unterscheiden. Was für ein Unsinn, wird der Schmerzforscher sagen: wenn sich jemand lange genug Schmerzen einbildet, dann *hat* er Schmerzen.

Für den Psychologen, der sich Gedanken über den politischen Bezug macht, wird diese Alltagsgeschichte zum Ansatz für Reflexionen, wie wenig sozial unsere Verteilungsformen sind. So wird für diagnostische Prozeduren, die keinen sachlichen Grund haben, sondern nur eine lästige Entscheidung aufschieben und an Apparate delegieren, mit einer Bedenkenlosigkeit Geld ausgegeben, das angesichts des schmalen Budgets für die Rentnerinnen doch irritiert.

Wenn jemand käme und mit spitzem Stift durchrechnen würde, ob unsere Kontrollsysteme soviel einsparen, wie sie kosten, vermute ich brisante Ergebnisse: Wenn wir jeden Antrag sofort bewilligen, wäre es wahrscheinlich insgesamt billiger, als alle möglichen Hürden zu bauen und mit hohem Aufwand zu erhalten. Ich selbst habe einen Beruf, in dem ich auch als 70-Jähriger noch gerne arbeite; aber es wäre mir recht, wenn von den Steuern, die ich noch bezahle, ein Grundgehalt für jene finanziert würde, die keine solchen Privilegien genießen. Ein solches Grundgehalt für jeden Bürger, steuerfinanziert, unbürokratisch scheint mir der richtige Gedanke für den Weg in die postindustrielle Gesellschaft. Auch die vielen, die heute von der Verwaltung der Not leben, könnten – arbeitslos geworden – davon profitieren.

Die Ernsthaftigkeit des Rollenspiels

Die ganze Welt ist eine Bühne[52]

Die Arzt-Patient-Beziehung zeigt, dass sich Menschen in ihren Rollen festigen oder gefährden können. Daher gilt die Schlussbetrachtung der Frage nach dem Zusammenhang zwischen der sozialen Rolle und dem Dranbleiben. Wer sich mit Beratung im beruflichen Feld beschäftigt, erlebt häufig, wie hilfreich es sein kann, das Bild der eigenen Rolle klarer zu fassen und sie in dem Netzwerk anderer Rollen in einem Team, einer Organisation oder auch einer der eben untersuchten Beziehungen zwischen einem Experten und seinem Klienten zu definieren, was ja ursprünglich »begrenzen« heißt.

Was ist *meine* Aufgabe, was ist die Aufgabe meiner Kollegen, Mitarbeiter, Kunden, Vorgesetzten? Was kann ich tun, um meine Aufgabe nicht nur zu erfüllen und so meine

Rolle zu festigen, sondern auch, um die anderen dabei zu unterstützen, ihre Rollen zu erfüllen?

Wer gescheiterte Psychotherapien untersucht und sie mit geglückten vergleicht, kommt zu Begriffen wie »Arbeitsbündnis« oder »als positiv erlebte Beziehung« auf der einen Seite, wechselseitigen Schuldzuschreibungen und Entwertungen auf der anderen Seite. »Arbeitsbündnis« besagt, dass es Helfer und Klient gelungen ist, sich wechselseitig in ihren Rollen zu festigen, soviel füreinander zu leisten, dass der Helfer überwiegend gerne arbeitete und der Klient gerne zu den vereinbarten Terminen kam.

Die elementare Kategorie der Rollenfestigung lässt sich als »Höflichkeit« beschreiben. Sie ist in der Tat in den sozialen Schmelztiegeln der »Höfe« während der späten Feudalzeit entstanden, im Feld des Übergangs von traditionellen Strukturen zur bürgerlichen Zivilisation.[53]

Höflichkeit hat in der manischen Abwehr einen schlechten Ruf. Ähnlich wie Diplomatie und Parlamentarismus gilt sie als »verlogen«; wer höflich mit dem politischen Gegner umgeht, ist schon verdächtig, mit ihm zu paktieren. Dem Fanatiker heiligt die unübertreffliche Idee, für die er kämpft, jedes unhöfliche Mittel. In dem für das Dranbleiben so wichtigen Versuch, konstruktive Wege zu pflegen, wird Höflichkeit zu einem Element, sich selbst und anderen gegenüber Risiken und Unsicherheiten zu festigen.

Es gibt auch manische Formen der Höflichkeit. Eine Kunsthistorikerin mit sehr empfindlichem Geschmack pflegte, wenn sie in eine fremde Wohnung kam und einen Gegenstand sah, den sie extrem hässlich oder geschmacklos fand, genau das Gegenteil von dem zu sagen, was sie fühlte: »Was haben sie da für ein wunderschönes Bild einer tanzenden Zigeunerin! So gut getroffen in der Bewegung!«

Nachher erklärte sie mir, das Bild sei schlimmster Kitsch, aber die Menschen, die einen derart schlechten Geschmack hätten, hätte sie doch über ihr Elend trösten müssen, tagaus, tagein diese Monströsität zu betrachten.

Es wäre meiner Bekannten recht geschehen, wenn sie beim Gegenbesuch ein großes Paket mit einer tanzenden Zigeunerin erhalten hätte: Das Bild habe ihr doch so gut gefallen, da habe man auch ihr eines besorgen müssen!

Schüler sein, Student, Prüfungskandidat, aber auch Lehrer und Prüfer – das sind Rollen, in denen sich die Spieler gegenseitig unterstützen oder entwerten können. Wenn ich Freund bin oder Liebhaber – immer gibt es Fragen nach meiner Rolle, den Möglichkeiten, die sie mit sich bringt, den Pflichten, die sie mir auferlegt. Und es gibt die Gefahr einer Entwertung, in der die wechselseitige Rollenfestigung sich in ihr Gegenteil verkehrt.

Die elementare Form dieser Entwertung ist die Verweigerung, mit zu spielen. Wenn mein Ehepartner einen Wunsch äußert, den ich für unangemessen halte, muss ich diesen nicht erfüllen. Aber ich sollte diesen Wunsche auch nicht entwerten, um mich zu entlasten und ihm die Schuld an der Versagung aufzubürden.

Wenn beispielsweise mein Mann Angst hat, nachts alleine zu sein und deshalb zetert, wenn ich auf Dienstreise gehen will, ist es höflich, sich zu entschuldigen und ihn zu trösten. Ich kann vielleicht auch noch darauf hinweisen, dass wir doch die weit überwiegende Zahl der Nächte gemeinsam verbringen.

Aber ich darf nicht sagen: Ich bin doch nicht deine Mutter, dein Kindermädchen, deine Therapeutin. Oder gar: Mit einem Klammeraffen wie dir hält es doch niemand aus! Damit würde ich die Grenzen der Höflichkeit überschreiten, deren Grundsatz doch ist, andere in ihren Rollen zu festigen. Ich würde ihn beschämen, dass er derart verfehlte Erwartungen an mich richtet, und ihn in seiner Rolle als Liebespartner mir gegenüber schwächen.

Ein zweites Beispiel, in dem es darum geht, wie in einer Adoleszenzkrise Mutter und Sohn mit ihren Rollen umgehen:

Der 17-jährige Daniel ist begabt, aber die Schule interessiert ihn weniger als die Computerabteilung eines Kaufhauses, wo er sich in einem Nebenjob beliebt und vom Abteilungsleiter geschätzt fühlt. Jetzt hat er in Französisch eine Fünf im Halbjahreszeugnis stehen.

Seine Mutter, die vom Vater getrennt lebt, ist schockiert. Der Junge hatte doch bisher gute Noten! Sie hat diese als tröstliches Zeichen gedeutet, dass er die Trennung vom Vater verarbeitet hat. Warum tut er ihr das an! Warum lernt er nicht so ordentlich wie früher, was soll das, will er etwa Verkäufer werden? Und sich dann nach zehn Jahren bei ihr beklagen, dass er kein Abitur hat? Sie muss ihm diese Flausen austreiben!

Bisher hat sie Daniel anstandslos eine Entschuldigung geschrieben, wenn er ausnahmsweise während der Schulzeit zu seinem geliebten Job musste. Jetzt beschließt sie, das zu verweigern. Mit dem Jobben ist es vorbei! Erst muss er von der Fünf runter!

Daniel sieht das nicht ein. Er hat sich bereits eigene Gedanken über seine schlechte Französischnote gemacht, erklärt er seiner Mutter. Er hat sich einen Sprachkurs auf DVD gebrannt, er kriegt das hin! Wieso glaubt sie ihm denn das auf einmal nicht mehr? Wieso will sie ihm nehmen, was ihm so viel bedeutet?

Der Streit eskaliert. Die Mutter will nicht von ihrer Erziehungsmaßnahme lassen, der Sohn nicht von seinem Ärger über ihre »Ungerechtigkeit«. Sie will ein Machtwort sagen, er sich kein Machtwort gefallen lassen. Beide kämpfen mit den Tränen, bis Daniel mit einem wütenden »verdammte Spießerin, mit dir kann man nicht reden!« türenschlagend Zimmer und Wohnung verlässt.

Die Mutter bewahrt mühsam ihre Fassung und lenkt sich durch Hausarbeit ab. Zwei Stunden später kommt Daniel wieder nach Hause. Mit muffiger Miene sagt er zur Mutter: »Übrigens, du wolltest mir doch hundert Euro für eine Winterjacke geben. Ich hab gerade eine gesehen, die mir gefällt, reduziert!«

Adoleszenzkonflikte sind deshalb so kompliziert, weil zwei Rollenrepertoires einander überschneiden: Die Beziehung zu dem Kind, das manche Folgen seines Tuns weniger überblickt als die Mutter, und die zu einem gleich Erwachsenen, der selbstverantwortlich handeln kann. Wenn die Mutter die Anfrage des Sohns zurückweist, weil er sie beleidigt hat, ignoriert sie seinen Versuch, das Bild einer gebenden, wärmenden Mutter wieder aufzubauen. Sie will idealisiert werden, und wenn sie nicht idealisiert wird, ist sie beleidigt.

Daniel hat, nachdem er keine Chance hatte, die Mutter mit seinen Argumenten zu überzeugen und so die Beziehung auf die Ebene eines Kontakts zwischen zwei erwachsenen Verhandlungspartnern zu heben, einen neuen Weg gesucht: er testet die Fürsorge und die Großzügigkeit der Mutter, die er eben noch als Spießerin entwertet hat.

Das korrekte Verhalten der Mutter wäre, das versprochene Geld auszuhändigen und höflich anzufragen, ob Daniel die Spießerin nicht zurücknehmen könne. An dem Beispiel lässt sich aber noch ein weiterer Aspekt des Dranbleibens an Rollen untersuchen: die Bedeutung der Regeln und Gesetze, unter denen die Rollen vollzogen werden. Eine davon ist die Schulpflicht, welche von Eltern verlangt, ihre Kinder aus wichtigen Gründen zu entschuldigen.

Sobald Daniel 18 Jahre alt ist, kann er solche Entschuldigungen selbst unterschreiben. Gegenwärtig braucht er seine Mutter dazu, die sich bisher zu einer Fälschung bereit gefunden hat, um Daniel zu zeigen, dass Mama besser ist als das Gesetz. Damit hat sie eine Verwöhnung inszeniert, die sie nun plötzlich zurück nimmt – aus einer Laune heraus, erlebt Daniel; aus Angst vor seinem Schulversagen, erlebt die Mutter.

Sie geht mit Daniel um, als sei er ein kleines Kind. Er fühlt sich in seiner Suche nach erwachsenen Rollenanteilen entwertet. So erlebt *er* seinen Job in der Abteilung und die Selbstorganisation seines Französischlernens. Die Mutter respektiert und festigt in ihrer ersten Reaktion diese erwachsenen Rollenanteile nicht. Im Gegenteil, sie tut, als seien diese nicht nur nichts wert, sondern ein Fehler, eine Gefahr für ihr Kind. Daniel müsse wieder zurück auf die Schulbank. Es spricht für Daniels Intelligenz und soziale Begabung, dass er ihr nun anbietet, sich wenigstens als die versorgende Mutter eines von ihren (Geld)Zuwendungen abhängigen Kindes wieder zu verankern.

Wenn sie ihn jetzt noch einmal und noch bösartiger in seinen Bedürfnissen kränkt und missversteht, wird Daniel sich in seinen Trotz verbeißen. Womöglich gibt er den Job auf, wird aber noch schlechter in der Schule. Aber vielleicht versteht sie ihn ja und ermöglicht ihm auf diese Weise, auch sie zu verstehen und sich mit ihr zu einigen? Warum ist eigentlich beiden die Einsicht verloren gegangen, dass ihr Gegenüber ähnliche Ziele hat, diese allerdings eigenwillig und eigensinnig erreichen möchte? Auch Daniel will eine gute Note in Französisch, nur will er nicht etwas dafür opfern, was seine Mutter für belanglos hält. Und die Mutter will einen aktiven und kreativen Sohn, keinen langweiligen Mini-Spießer, wie kann Daniel nur das von ihr denken?

In der Geschichte über Daniel und seine Mutter können wir einen Splitter zu dem großen Mosaik finden, wie Kränkungen entstehen und wieder überwunden werden. Das Dranbleiben ist gefordert, wenn die formulierten oder tradierten Gesetze nicht dazu führen, dass Rollen in Familie und Beruf ineinandergreifen wie Zahnräder. In Daniels Fall schaltet die Mutter gewissermaßen zurück in die autoritäre Rolle der Mama, die besser weiß, was für ihr Kind gut ist; Daniel hingegen fühlt sich erwachsen und berufen, eine Mutter als spießig zu entwerten, die ihn nicht als Erwachsenen respektiert.

Wenn solche Störungen auftreten, sollten sie mit möglichst geringen Einbußen wieder behoben werden. So lange von allen Beteiligten angenommene Gesetze respektiert werden, funktionieren soziale Gebilde. Aber das ist oft genug nicht der Fall. Dann kann gerade ein übermäßiges Beharren auf dem Gesetz und der Gerechtigkeit zum Verhängnis werden.

Der Dichter Heinrich von Kleist hat die Geschichte von Michael Kohlhaas erzählt, die aus Chroniken der Reformationszeit stammt. Dem Mann war Unrecht geschehen, ein Adeliger hatte die ihm überlassenen Pferde ruiniert und Schadensersatz verweigert, die Gerichte entschieden parteiisch. So nahm der gekränkte Mann sein Recht in die eigene Hand und wurde zum Mordbrenner, der ganze Städte belagerte.

Als ihm aber schließlich der verehrte Martin Luther ins Gewissen redete, stellte sich Michael Kohlhaas dem Gericht. Er wurde geköpft, aber das Gericht verurteilte auch den Adeligen.

Michael Kohlhaas liefert dem Narzissmusforscher ein glänzend beschriebenes Beispiel für einen Mann, der eine Kränkung nicht herunterregeln kann, wenn die Gegenseite ihn herausfordert. Solche Menschen funktionieren in »normalen« Situationen gut, sind einfühlend und liebevoll, sehr korrekt, ein scheinbar tadelloser Charakter. Aber wenn sie auf jemanden treffen, der sie nicht respektiert, verwandeln sie sich.

Sie opfern ihre egoistischen den narzisstischen Interessen. Sie steigern den Konflikt, statt ihn zu mildern. Sie eskalieren den Streit und können das mäßigende Gesetz des Talion (»Auge um Auge, Zahn um Zahn«) nicht beachten. Dieses gilt manchmal als primitiv, soll aber die narzisstische Wut *zügeln*, welche für den ausgeschlagenen Zahn einen abgeschlagenen Kopf fordert.

Gesetze können unseren Gefühlen nicht gerecht werden. Im Alltag entscheidet aber häufig die Empathie darüber, ob ein Konflikt eskaliert oder sich mäßigen lässt. Im Straßenverkehr begegnen wir ständig den Regelverstößen anderer Fahrer oder Fußgänger und könnten intensiv üben, aus der Rolle gefallene Verkehrsteilnehmer darin zu unterstützen, dass sie wieder in ihre Rolle zurückfinden. Wenn es richtig ist, dass die meisten in Fahrzeugen gesprochenen Wörter Beschimpfungen sind, gäbe es hier noch Einiges zu tun.

Nehmen wir ein Alltagsbeispiel. Ich radle im Unerlaubten, auf dem Fußweg, in der Einbahnstraße. Wenn ich an jemanden heranradle, wird dieser bemerken, dass ich mich im Unrecht bewege. Die meisten Menschen finden das ziemlich normal, so lange genug Platz für alle ist. Manche weichen aus, andere lassen den Radfahrer ausweichen. Wenn er sie anlächelt, lächeln die meisten zurück; einige aber verziehen die Miene.

Manche Bürger zeigen Reaktionen, die ich unter dem Begriff des »pharisäischen Narzissmus« zusammenfasse: Sie weisen den Radfahrer darauf hin, dass es ein Gehweg ist, auf dem er fährt, hoffen augenscheinlich, dass er sich nun schämt oder schuldig fühlt, weil er weder seinen Regelverstoß noch ihr korrektes Verhalten bemerkt hat. Endlich gibt es auch Passanten, die den Regelverstoß des Gehwegradlers mit einer Lizenz zur Aggression quittieren und wüste Beleidigungen loslassen.

Doch es gibt eine Alternative: Ich radelte einen Gehweg entlang. Plötzlich sprang eine junge, dunkelhaarige Frau mit einer großen gelben Tüte aus dem Eingang der chemischen Reinigung, auf die ich soeben zufuhr. Ich bremste und wich aus. Sie blieb stehen, strahlte mich an und sagte »Entschuldigung!« Und schon war sie weitergelaufen. Ich murmelte ihr im Fahren etwas wie »Der Fehler ist ganz meinerseits!« hinterher und war noch eine ganze Weile entzückt von dieser Person.

Sie hatte sich dafür entschuldigt, dass sie mich ein wenig erschreckt hatte, obwohl ich ganz im Unrecht war. In ihrem spontanen Wertesystem stand die Empathie ganz oben. Ich hätte das wohl nicht fertig gebracht, erkannte aber die Weisheit in diesem Verhalten. Indem *sie* sich für etwas entschuldigte, was *ich* zu verantworten hatte, erinnerte sie mich viel wirkungsvoller als vorwurfsvolle oder beleidigende Reaktionen daran, dass ich meine Rolle als Stadtradler überdenken solle.

Wer eine Person wahrnimmt, die ihre Rolle verlässt, reagiert zunächst mit den schnellen Affekten des Kampf-Flucht-Mechanismus. Er fürchtet sich, da ist etwas nicht in Ordnung, das könnte eine Bedrohung darstellen, ist es wohl auch, wenn ein Fahrer die Vorfahrt missachtet oder riskant überholt. Oder er wird wütend, hupt, gestikuliert, schimpft, zeigt an, nimmt die Verfolgung auf.

Am letzten Tag ihres Kurzurlaubs mit ihren zwei schulpflichtigen Töchtern fuhr die 47-jährige Ärztin Dagmar O.

auf einem schmalen, zugeparkten Weg. Sie musste anhalten, weil sich vor ihr ein Ehepaar mit Hund ins Auto zwängte. Ein Radler auf einem Mountainbike quetschte sich zwischen den Fahrzeugen durch, beschädigte den Außenspiegel an ihrem Wagen und fuhr weiter.

Dagmar O. schrie ihm nach. Der Radler zeigte ihr den Stinkefinger. Ein Passant sagte: »Fahren Sie ihm nach, den kriegen Sie noch.« Dagmar O. wendete und verfolgte den Radler über fast zwei Kilometer. Auf einem Schotterweg rammte sie ihn und überfuhr den Gestürzten. Der 40-jährige Ingenieur Michael S. blieb schwer verletzt, bewusstlos und mit mehreren Knochenbrüchen liegen. Er kann sich nicht an das Geschehen erinnern und weiß nicht, ob er es war, der das Auto seiner Verfolgerin beschädigt hat.

Hier finden wir den Kohlhaas-Effekt bei einer Frau, die in einem helfenden Beruf arbeitet und deren Tochter in der gerichtlichen Aufarbeitung sagte: »Mama, warum hast du das gemacht, du bist doch Ärztin?« Dagmar O.s Ehe war schief gegangen; der Verteidiger suchte das Gericht zu überzeugen, dass seine Mandantin in dem Radler eigentlich ihren untreuen Ehemann zur Strecke bringen wollte.

Die langsamen seelischen Prozesse des Dranbleibens, Einfühlung und Einsicht in die Begrenztheit unserer Rechthaberei, haben es nicht leicht, sich gegen die schnellen Affekte von Angst und Wut durchzusetzen, wenn erst einmal eine Rollenerwartung verletzt ist. Gerade Entschuldigungen und Ausdrücke des Bedauerns – »es tut mir leid!« – haben einen schlechten Ruf. Sie gelten als Zeichen der Schwäche. Das mag sein, wenn sie ohne echtes Empfinden eingesetzt werden, um jemanden versöhnlich zu stimmen, vor dem man sich fürchtet.

Aber es gibt auch souveräne Formen des Bedauerns, die sich darauf beziehen, dass es mir leid tut, wenn jemand

Probleme in seinem Rollengelingen hat und ich besser dran bin. Gerade wenn ich im Recht bin und ein Gegenüber versagt hat, kommen wir beide zusammen weiter, wenn ich mich mitverantwortlich dafür fühle, dass er oder sie wieder in ihre Rollen finden.

Diese Haltung dient durchaus den eigenen Interessen. Sie opfert nicht mehr als den billigen Triumph, einen Gescheiterten zu zwingen, seine Erniedrigung zuzugeben. Die Angst vor sinnloser Eskalation ist ein besserer Ratgeber als die Wut, welche geschehenes Unrecht um jeden Preis rächen will.

Als Kinder lernen wir in Familie und Schule einen lebenslang zentralen Inhalt der Rivalität: Wer ist besser im Erfüllen einer Norm? Wer kann schon eine Schleife binden, ein Gedicht aufsagen? Wer kann schneller laufen, wer hat mehr gelesen, wer weiß es besser? Solche Rivalitäten muss ich umso öfter und intensiver gewinnen, je unsicherer ich bin. Denn Unsicherheit lässt nach Perfektion greifen. Wer perfekt ist, gewinnt immer und hat immer Recht. Jeder Sieg stärkt die Größenphantasie, festigt die manische Abwehr – und schwächt den Realitätsbezug. Jede Niederlage aber weckt beim Perfektionisten heftige Wünsche, sie ungeschehen zu machen, sich für sie zu rächen, im ärgsten Fall die Schuldigen auszulöschen, auch wenn es das eigene Leben kostet.

Das gefestigte Selbstgefühl erkennen wir eher aus der Fähigkeit, belanglose Rivalitäten gar nicht erst anzutreten und andere auch dort gewinnen zu lassen, wo man selbst durchaus eine Chance hätte. Den Sieger anzuerkennen, über den Besiegten nicht zu spotten und eigene Kompetenz eher auszuüben als zu beweisen stehen für diese Haltung.

Der Perfektionist vom Schlage des Michael Kohlhaas nimmt sein Rollenideal bitter ernst und kann den Gedanken nicht ertragen, es zu verfehlen. Alles muss dem erhabenen Ziel geopfert werden; jedes Mittel ist recht, es zu erreichen. Demgegenüber gewinnt das realistisch fundierte Selbstgefühl ein Stück Unabhängigkeit, indem es sich auf den Weg konzentriert und zufrieden ist, wenn es gelingt, diesen gut genug zurückzulegen.

Manchen Lesern wird aufgefallen sein, dass einiges von dem hier Gesagten den wohlbekannten christlichen Geboten zur Nächstenliebe wenig Neues hinzuzufügen scheint. Der Vorschlag, höflich und gerecht auch mit den Rücksichtslosen und Egomanen umzugehen, bleibt scheinbar auf halbem Weg zu dem viel eindrucksvolleren Ideal der Feindesliebe stehen.

Aber meine Zurückhaltung ist begründet. Denen Gutes zu tun, die mir mit Hass begegnen, halte ich für unrealistisch – es geht doch eher darum, uns beide dem mäßigenden Einfluss eines Gesetzes zu unterwerfen. Insgesamt hat die Geschichte gelehrt, dass die hohen Ideale des Christentums die Kreuzritter nicht humaner handeln ließen als ihre Feinde und die Glaubensrichter nicht milde stimmten gegen Ketzer oder Hexen.

Die monotheistischen Religionen[54] mit ihrem Anspruch des Absoluten, mit ihrer Spaltung der Menschheit in Erlöste und Verdammte haben in ihrer großen und reichen inneren Welt viele Gegenkräfte geweckt, humorvolle Weisheitslehrer wie Mystiker, die sich ganz ihrem inneren Weg hingaben. Aber sie haben sich nie geschlossen gegen den Perfektionismus gewandt. Manche von ihnen haben ihn sogar zum Postulat erhoben, wie im Dogma der Unfehlbarkeit eines Würdenträgers.

Menschen denken spontan in dualen Kategorien, wie richtig oder falsch, gut oder böse. Das hängt mit unserer Affektstruktur zusammen. Reize wecken Angst und Neu-gier, schnelle Bewegungen zu ihnen hin und von ihnen fort. Das Denken folgt dieser Affektstruktur. Aber es ist ihr nicht unterworfen, es kann sie auch korrigieren. Die schnellen Affekte drängen, sofort das Gute zu finden und es um jeden Preise zu gewinnen. Alle Religionen bedienen dieses Bedürfnis, freilich weniger erfolgreich als die Massenmedien.

Empathie, Dranbleiben, den Weg zum Ziel machen, sich von einer Idealisierung zu distanzieren, in der der Zweck die Mittel heiligt, ist keine religiöse Kategorie, sondern eine ethisch-psychologische. Sie findet ihren Halt nicht in Offenbarungen, sondern in einer zivilen Gesellschaft, in der Bürger sich ihre Freiheit lassen und Gesetze respektieren, welche sie voreinander schützen. Wenn wir überleben wollen, brauchen wir zusätzliche Gesetze, welche die natürliche Umwelt vor dem Menschen schützen. Das scheint mir gegenwärtig die Weltverbesserung, an der wir dranbleiben sollten.

Schluss:
Durch Verändern bewahren

»Wenn wir wollen, dass alles bleibt, wie es ist,
muss sich alles ändern.«[55]

Es ist naiv, die Welt verbessern zu wollen. Dennoch ist dieses Projekt nicht aus unserem Erleben zu tilgen, sobald wir in der Adoleszenz beginnen, über das Ich und die Welt nachzudenken. Wozu soll dieses Ich gut sein, wenn nicht dazu? Meine Arbeit zum Dranbleiben ist genügend gut gelungen, wenn sich Leserinnen und Leser ermutigt fühlen, lieber ihr Ding gut genug zu finden und es um seiner selbst willen zum Abschluss zu bringen, als sich perfektionistisch an Erfolg und Anerkennung zu orientieren, manisch zu hoffen, dann depressiv zu verzweifeln. Indem ich ein wenig besser lebe, liebe und arbeite, verbessere ich auch die Welt. So einfach ist das.

Die Beschreibungen der Ablenkungsgesellschaft, des verzappten Lebens und der Risikopsyche des Bildschirmfixierten werden Kritiker veranlassen, mir Nostalgie und verträumtes Lob einer guten alten Zeit zuzuschreiben. So wie niemand verhindern kann, dass eine Erbse in der Schüssel zu deren tiefstem Punkt rollt, kann auch niemand verhindern, dass Argumente durch Vorurteile erledigt werden.

Trinkbares Wasser und atembare Luft sind kein Gegenstand moralisierender Debatten, sondern die Voraussetzung, dass diese überhaupt stattfinden können. Wer von Nostalgie spricht, sobald der Raubbau in Frage gestellt wird, appelliert an ein gespaltenes Denken. Es geht um Kenntnisse der seelischen Kosten des Fortschritts, nicht um dumme Plädoyers, ihn rückgängig zu machen. Es geht darum, das Gute zu behalten, den Übeln gegenzusteuern und sinnlose Verwöhnungen abzubauen. Wir müssen anfangen, uns von jenem manischen Fehler zu distanzieren, den Freud plakativ »Amerika« nannte.

Die militärisch-industriellen und die medizinisch-pharmazeutischen Komplexe sind nirgends mächtiger als in den USA, Konsumismus und Verschwendung nirgends so entwickelt wie dort. Die Verzweiflung über diese Irrwege ist ebenfalls in keinem anderen Land heftiger. Während die Menschen in Entwicklungsländern sich aus den Seifenopern Hollywoods Zukunftsvisionen zusammenträumen, wächst in den USA der Wunsch, mit der eigenen Plutokratie ähnlich kurzen Prozess zu machen wie seinerzeit mit den Kolonialmächten.

Betroffene wehren sich überall auf dem Globus gegen den Missbrauch der allgemeinen Güter und gegen die Möglichkeiten, durch kurzfristige Gewinne und Korruption ein Land und seine Menschen auszusaugen. Sie sorgen dafür, dass Diktatoren gestürzt, Atomkraftwerke abgeschaltet, Großprojekte nicht gebaut werden.

Zu den Risiken, mit denen unsere Psyche so wenig fertig wird wie unsere Staaten, gehört die moderne Geldwirtschaft. Geld hat schon immer das Dranbleiben in seinem elementarsten Sinn bedroht. Es schafft weitgehend sanktionsfreie Möglichkeiten, nicht bei den Folgen des eigenen Tuns zu bleiben. Wer die Menschen betrügt oder die Natur zerstört, kann folgenlos davonkommen, wenn er seine Gewinne anderswo verzehrt.

In der globalisierten Finanzwirtschaft haben sich diese Probleme potenziert: Wetten und Zocken sind nicht nur salonfähig geworden, sie treten auf, als sei jeder dumm und beschränkt, der nicht mitspielen mag. Sie haben Börsen und Banken zu einem Kraken gemacht, der die Realwirtschaft in seinen Würgegriff nimmt, sie nach Kräften in Roulettechips verwandelt und aussaugt.

Wer um Geld spielt, vergiftet das Spiel. Er verwandelt es in eine primitive Form des Ehrgeizes: es geht darum, zu siegen um jeden Preis, dem Gegner wegzunehmen, was er einsetzt, die eigene Größenphantasie gegen ihn durchzusetzen.

Im kindlichen Spiel ebenso wie in der künstlerischen Produktivität werden *alle* menschlichen Fähigkeiten entwickelt, auch die zum Dranbleiben. Im Spiel um Geld kehren sich solche Reifungsprozesse um. Die Fähigkeiten zur umfassenden Prüfung der Realität entwickeln sich zurück in die Richtung der primitiven Spaltungen.

Auch Hans mit seinem Goldklumpen war ein Spieler: Er glaubte bei jedem Tausch, er hätte seinen Partner übertölpelt. Im Geldspiel geht es um Aufbau und Verfall einer manischen Abwehr. Der Spieler verliert und setzt immer höhere Summen, um den Verlust wieder hereinzuholen, bis er am Ende nur noch Schulden hat und niemand ihm mehr etwas leiht, das er setzen könnte. Staaten machen es nicht besser, so lange ihre Politik darauf hinausläuft, Schulden zu machen und auf Wirtschaftswachstum zu wetten.

Es gibt viel zu tun. Bleiben wir dran.

Anmerkungen

1 Meine erste ausführliche Arbeit zu diesem Thema erschien 1977: *Die hilflosen Helfer. Über die seelischen Probleme der sozialen Berufe*, Reinbek 1977 f., 2007 die letzte Revision »Das Helfersyndrom«. Vgl. auch W. Schmidbauer, »Persönlichkeit und Menschenführung«, München 2005.

2 Goethe, Faust 2, IV, Hochgebirg

3 Schiller, Lieder, Das Siegesfest, 1803

4 *»Diese ersten Jahre haben unter anderem auch den Vorteil, dass man da Gewalt und Zwang brauchen kann. Die Kinder vergessen mit den Jahren alles, was ihnen in der ersten Kindheit begegnet ist. Kann man da den Kindern den Willen nehmen, so erinnern sie sich hiernach niemals mehr, dass sie einen Willen gehabt haben.«* – Johann Georg Sulzer: Versuch von der Erziehung und Unterweisung der Kinder, 1748. Vgl. Katharina Rutschky (Hrsg.): *Schwarze Pädagogik. Quellen zur Naturgeschichte der bürgerlichen Erziehung*. Ullstein, Berlin 1977; Neuausgabe ebd. 1997

5 Süddeutsche Zeitung, 17.10.2011, S. 1

6 Süddeutsche Zeitung, Sportteil vom 19.1.2007, S. 30

7 Alt nicht im Sinn von antik: In der Antike waren die olympischen Spiele sehr brutal; es gab in den Ring- und Boxkämpfen nicht selten Tote; wer besiegt wurde, kehrte auf Schleichwegen in seine Vaterstadt zurück und schämte sich. Das Motto stammt von dem Neugründer der Spiele, Pierre de Coubertin (1863–1937): »Das Wichtigste an den Olympischen Spielen ist nicht der Sieg, sondern die Teilnahme, wie auch das Wichtigste im Leben nicht der Sieg, sondern das Streben nach einem Ziel ist. Das Wichtigste ist nicht, erobert zu haben, sondern gut gekämpft zu haben.« Coubertin war Sportpädagoge und -funktionär, er orientierte sich stark an den Idealen der britischen Internate, in denen Fairplay groß geschrieben wurde und lange Zeit Training als Versuch galt, sich unfaire Vorteile zu verschaffen, unwürdig eines Gentleman.

8 Am 8. Oktober 2009 erschien die Biografie »Sebastian Deisler. Zurück ins Leben«, von Michael Rosentritt. Deisler bewältigt sein Trauma jetzt aktiv: er wird Physiotherapeut, Spezialgebiet Profifußball.

9 Kafka ahnt diesen Zusammenhang in seiner gespenstischen Erzählung »Die Verwandlung«.

10 Zu diesem gruppendynamisch fundierten, evolutionstheoretisch ausgerichteten Modell der Entstehung von Religionen siehe auch

W. Schmidbauer, Warum der Mensch sich Gott erschuf. Die
Macht der Religion, Stuttgart 2007.

11 Diese Schätzung stammt von dem Jugendforscher Klaus Hurrel-
mann, zit.n. Psychologie Heute, April 1994, S. 24

12 Eicke, Wolfram und Ulrich: Medienkinder. Vom richtigen Umgang mit der Vielfalt. München (Knesebeck) 1994

13 Die Kritik an den regressionsfördernden Qualitäten des Fern-
sehens ist zwar bisher praktisch folgenlos, aber theoretisch so gut
ausgearbeitet, dass weitere Argumente hier entbehrlich sind. Vgl.
Postman, Neil: Wir amüsieren uns zu Tode, Frankfurt (Fischer)
1985; McKibben,Bill: The Age of the Missing Information, New
York (Random) 1992 und Eco, Umberto: Apokalyptiker und
Integrierte. Zur kritischen Kritik der Massenkultur, Frankfurt
(Fischer) 1986.

14 Thomas Mann, Schwere Stunde, Novelle, S.Fischer Verlag 1914,
S. 43

15 Vgl. W.Schmidbauer, Alles oder nichts. Über die Destruktivität
der Ideale, Reinbek 1980

16 Vgl. W.Schmidbauer, Lebensgefühl Angst, Freiburg 2007

17 Thomas Mann, Schwere Stunde, Novelle, S. Fischer Verlag 1914,
S. 38/39

18 Richten sich deshalb die Versprechungen der Religion an Traumatisierte? Das wäre eine eigene Untersuchung wert, die sich
freilich mit dem schwierigen Problem einer Eingrenzung des
Traumabegriffs zu beschäftigen hätte hätte.

19 Die inzwischen sehr verbreiteten Dominanz-Spiele der Sexualität
setzen solche Muster in Szene: Sonst nicht gelingende Lust kann
sich entfalten, wenn ganz klar ist, wem in der erotischen Interak-
tion alle Macht und Tugend oder aber alle Ohnmacht und Min-
derwertigkeit zuzuordnen sind. Domina und Sklave reinszenie-
ren eine Philosophie, die in der Antike Pythagoras zugeschrieben
wurde: »Es gibt ein gutes Prinzip, das die Ordnung, das Licht
und den Mann, und ein schlechtes Prinzip, das das Chaos, die
Finsternis und die Frau geschaffen hat.«

20 Der alkoholkranke, genialische und früh verstorbene Dichter
Christian Dietrich Grabbe (1801–1836) hat das in dem Theater-
stück »Don Juan und Faust« dargestellt

21 Marina Gambaroff, Utopie der Treue, Reinbek (Rowohlt) 1984,
S. 44

22 Marina Gambaroff, Utopie der Treue, Reinbek (Rowohlt) 1984,
S. 47

23 Es geht darin um einen Soldaten, der bei Todesstrafe verpflichtet
wird, einen am Kreuz Hingerichteten zu bewachen, damit dessen

Leichnam nicht von dessen Angehörigen geraubt und würdig bestattet werden kann. Ein Friedhof liegt in der Nähe der Richtplatzes, der Soldat hört eine Frau schluchzen und findet eine Witwe, die neben ihrem aufgebahrten Mann sterben möchte. Der Soldat sucht sie zu trösten, die eine Erregung schlägt in eine andere um, beide vergessen in ihren Umarmungen die Umgebung. Als der Soldat im Morgengrauen zu seinem Posten zurückkehrt, stellt er fest, dass der Leichnam gestohlen wurde. Die Witwe rettet den neuen Geliebten, indem sie ihm ihren Mann als Ersatz anbietet.

24 Niklas Luhmann, Vertrauen. Ein Mechanismus der Reduktion sozialer Komplexität, UTB, Stuttgart 2000, S. 27

25 In dem Text »Jäger und Sammler. Als sich die Evolution zum Menschen entschied« (Planegg 1972) habe ich einen ersten Versuch unternommen, die Psychohistorie solcher Erscheinungen zu rekonstruieren. In dem Film Mondo Cane von Gualtiero Jacopetti wird ein Cargo-Kult thematisiert.

26 http://www.sueddeutsche.de/digital/anschlaege-in-norwegen-wie-der-attentaeter-sich-mit-ego-shootern-vorbereitete-1.1125117-2. Zit. 8.8.2011

27 Wenn eine Spielsucht besteht, setzt auch eine Regression ein. In der Suchttherapie nehmen die Fachleute als Faustregel, dass jedes Jahr Abhängigkeit die Reifung der Psyche um zwei Jahre zurückstellt. Ein 20-Jähriger mit einer sechsjährigen Abhängigkeit braucht demnach ähnlich viel Halt wie ein Achtjähriger.

28 »In der fortgeschrittenen Moderne geht die gesellschaftliche Produktion von Reichtum systematisch einher mit der gesellschaftlichen Produktion von Risiken. ... Verteilungsprobleme und -konflikte ... [werden] überlagert durch die Probleme und Konflikte, die aus der [...] Verteilung wissenschaftlich-technisch produzierter Risiken entstehen.« (S. 25) So fasst der Münchner Soziologe Ulrich Beck seine These der »Risikogesellschaft« zusammen. Wie Radioaktivität nicht zwischen arm und reich unterscheidet, steigt auch das Risiko von Arbeitslosigkeit in der Mittel- und Oberschicht: »Not ist hierarchisch, Smog ist demokratisch« (S. 48).
Ulrich Beck: Risikogesellschaft. Auf dem Weg in eine andere Moderne. Suhrkamp, Frankfurt a. M. 1986.

29 Vgl. Richard Sennett, Handwerk, Berlin 2009

30 Superman ist ein in der 30er Jahren erfundener Comic-Held, der alle Größenphantasien des männlichen Narzissmus erfüllt: er ist unverwundbar, hat Superkräfte, einen Laserblick und kann fliegen. Sobald er aber in Berührung mit Kryptonit kommt, ist er

nicht stärker als der männliche Durchschnitt. Helden müssen eine verwundbare Stelle haben – die Achillesferse –, sonst werden die Geschichten über sie langweilig.

31 Friedrich Nietzsche, Der Wille zur Macht. Versuch einer Umwertung aller Werte. Leipzig (Alfred Kröner) 1930, S.61

32 Freud hat diese Anekdote verwendet, um zu illustrieren, dass die Kulturforderungen nach Triebverzicht nicht beliebig gesteigert werden können.

33 Vgl. W. Schmidbauer, Kleist – Die Entdeckung der narzisstischen Wunde, Göttingen 2011

34 Heinrich von Kleist, Über das Marionettentheater, zit. n. K. M. Schiller (Hg.) Werke und Briefe, Leipzig 1926, Bd. III, S. 340

35 Adalbert Stifter, Nachkommenschaften, Ges.W. München 1976, Bd. 2, S. 264

36 Vgl. die ausführliche Beschreibung in W.Schmidbauer, Freuds Dilemma. Die Wissenschaft von der Seele und die Kunst der Psychotherapie, Reinbek 1999. Dort untersuche ich dieses auch von Freud gebrauchte Bild der Künste durch Wegnehmen (per via di levare) und Hinzufügen (per via di porre). Eine schöne Darstellung des Hintergrunds dieser Auseinandersetzung: E. Mai, K. Wettengl, Wettstreit der Künste – Malerei und Skulptur von Dürer bis Daumier, Ausstellungskatalog München/Köln 2002, Edition Minerva, München 2002.

37 F. Nietzsche, Ecce Homo, zit. n. Taschenausgabe, Verlag A. Kröner, Leipzig 1930, S. 375.

38 Gardner, Howard, Mihaly Csikszentmihaly und William Damon, Good Work: When Excellence and Ethics Meet, New York 2002, dt.: Gute Arbeit: Für eine neue Ethik im Beruf, Stuttgart 2005

39 »Ich fiel wieder mit einer augenblicklichen Gewandtheit auf ihn aus, eines Menschen Brust würde ich ohnfehlbar getroffen haben: der Bär machte eine ganz kurze Bewegung mit der Tatze und parierte den Stoß. Der Ernst des Bären kam hinzu, mir die Fassung zu rauben, Stöße und Finten wechselten sich, mir triefte der Schweiß: Umsonst! Nicht bloß, dass der Bär wie der erste Fechter der Welt alle meine Stöße parierte; auf Finten (was ihm kein Fechter der Welt nachmacht) ging er gar nicht einmal ein: Aug in Auge, als ob er meine Seele darin lesen könnte, stand er, die Tatze schlagfertig erhoben, und wenn meine Stöße nicht ernsthaft gemeint waren, so rührte er sich nicht.« H. v. Kleist, Über das Marionettentheater. Aus den »Berliner Abendblättern«, Werkausgabe von K. M. Schiller, Leipzig 1926, Bd. 3, S. 341

40 Erich Wulff, Psychiatrie und Klassengesellschaft. Zur Begriffs-

und Sozialkritik der Psychiatrie und Medizin. Athenäum, Frankfurt am Main 1972

41 Nicht ohne Grund ist eines der meistzitierten Fotos der Gegenwart der alte Albert Einstein, der sich mit sichtlicher Freude einer kindlichen Geste hingibt: Er streckt die Zunge heraus.

42 Die Nachlässigkeit der Familiengerichte bei suchtkranken Eltern ist ein Skandal: Wer einmal betrunken am Steuer erwischt wird, verliert den Führerschein; wer aber über Jahre hin jeden Abend so betrunken ist, dass seine Kinder vor ihm zittern, muss keine Strafe fürchten.

43 Nach Richard Sennett, Handwerk, Berlin 2008, S. 56

44 Harpers Monthly, 1932

45 Herbert Freudenberger: The staff burnout syndrome in alternative institutions. In: Psychotherapy: Theory/Research/Practice/ Training 12 (1975): 72–83

46 Matthias Burisch: Das Burnout-Syndrom. Theorie der inneren Erschöpfung. Springer 2006.

47 W. Schmidbauer (Herausgeber): Pflegenotstand – Das Ende der Menschlichkeit. Vom Versagen staatlicher Fürsorge. Reinbek 1992

48 Diesen handwerklichen Aspekt zukunftsfähiger Leistung betont Richard Sennett, Handwerk, Berlin 2008. Vgl. auch W. Schmidbauer, Die einfachen Dinge, München 2003

49 Video meliora proboque / Deteriora sequor – Ovid, Metamorphosen, 7,20f. (Ü: Voß)

50 Aylin Langreuther und meine Tochter Lea Schmidbauer

51 Zu beziehen über www.wahnsinn-und-methode.de

52 »Die ganze Welt ist eine Bühne und alle Frauen und Männer bloße Spieler.« Shakespeare, Wie es euch gefällt, 2. Akt, 7. Szene / Iaques

53 Norbert Elias, Der Prozess der Zivilisation, Frankfurt 1960

54 Definitionen ermüden; wer einem Gedanken folgt, will nicht Worte in Schubladen sortieren. Aber »Religion« ist doch ein wenig Differenzierung wert: Das Christentum ist eine *Religion* um einen »heiligen« Text herum. Aus seinen vielfältigen Traditionen schöpfen Menschen ihr persönliches religiöses Empfinden, ihre *Religiosität*. Diese wird einerseits durch die Traditionen geprägt, andrerseits durch Institutionen, welche sich aus der Gemeinschaft der Gläubigen im Lauf der Zeit entwickelt haben: Kirchen, Sekten, »freie« Gemeinden. Das Christentum hat wegen der Gegensätze zwischen den höchsten ethischen Ansprüchen der Gründergestalt Jesus und der institutionalisierten Praxis der Gläubigen inzwischen auch gründliche Erfahrungen mit dem

Widerspruch zwischen dem Erlöser und dem Verwalter des Glaubens. Hätten die christlichen Organisationen das Gebot der Feindesliebe ernsthaft umgesetzt, wären sie schon während der römischen Kaiserzeit zerfallen. So ergänzten sie es durch das Kreuz als Zeichen des Sieges über die Heiden.

55 G. T. di Lampedusa, Il Gattopardo, Mailand 1959, S. 42. Das Zitat stammt von dem Neffen des Fürsten, der sich an der Bewegung Garibaldis beteiligt, um zu verhindern, dass diese »zu weit« geht.